BRIGITTE SCHWAIGER

Mein spanisches Dorf

PAUL ZSOLNAY VERLAG
WIEN · HAMBURG

Die Erstfassung des Abschnittes „Kurzblütig erschossen“ erschien in dem Band „Im Fliederbusch das Krokodil singt wunderbare Weisen“, Verlag Jugend & Volk, Wien-München 1977
Umschlag und Einband: Walther Götlinger und Brigitte Schwaiger
Fotosatz: Bergler
Druck und Bindung: Wiener Verlag
Printed in Austria
ISBN 3-552-03031-X

CIP-Kurztitelaufnahme der Deutschen Bibliothek
Schwaiger, Brigitte
Mein spanisches Dorf. – Wien, Hamburg: Zsolnay, 1978.
ISBN 3-552-03031-X

„. . . und s'ist alles net wahr!“
Johann Nestroy
(aus „Die verhängnisvolle Faschingsnacht“)

Die Autorin legt Wert auf die Feststellung, daß sämtliche in diesem Buch vorkommenden Personen frei erfunden sind. Ähnlichkeiten mit lebenden oder verstorbenen Personen sind daher rein zufällig.

Über den Friedhofsberg geht es hinunter ins spanische Dorf. Wenn du von Linz kommst über Gallneukirchen und Neumarkt, oder von Rom über Linz, Gallneukirchen, Neumarkt, oder von Zürich über Linz und Gallneukirchen und Neumarkt und Lest, dann rutschst du vom Friedhofsberg hinunter ins spanische Dorf.

Wenn ich Linz und Gallneukirchen und Neumarkt und Lest sage statt Linz, Gallneukirchen, Neumarkt und Lest, so bediene ich mich einer Freiheit, die man mir in der spanischen Schule nicht gewähren würde.

Das spanische Dorf liegt nah einer Grenze. Bevor du hinausgelangst auf die nördliche Straße, mußt du noch einen Friedhof passieren. Dort liegen russische Tote, grad so tot wie die spanischen Toten im südlichen Friedhof.

An der Grenze ermahnt dich der Stacheldraht: Wer nicht achtgibt, den erwischt eine Kugel von der anderen Freiheit herüber.

Sie sagen
ich hab sie gekost und geschlagen
geküßt und im Arm gern getragen
gerissen an den langen Haaren
Sie sagen
ich hab ihr die Augen eingedrückt
mit der Nadel die Lippen ihr geritzt
sie geherzt und gestochen
gebadet und gequetscht
und Arm und Bein ihr ausgedreht
Sie sagen
meine Puppe hieß Marietta
und daß ich ein Kind war
wie alle andern

Frühes Heidentum

Und ihr müßts dem lieben Jesus jeden Tag ein Opferl bringen! Die Schwester Elisabeth hat so ein schönes Gesicht, ganz weich, und Augen mit Wimpern, da möchte ich dem lieben Jesus wirklich von heute an jeden Tag ein Apferl geben. Oder das Mohnflesserl. Aber die Schwester Elisabeth sagt, das Mohnflesserl muß ich essen, sonst wird es hart, und Brot ist Gottesgabe, und es ist kein Opferl, wenn ich dem Lieben Jesus mein Flesserl in die Krippe lege, und außerdem ist es zu groß. Da habe ich mir gedacht, die Mutter soll mir ein paar rote Apferl geben, die leg ich dann rundherum. Aber jetzt hat die Schwester Elisabeth wieder gesagt, ein *Opferl* muß ich bringen, jeden Tag. Und ich hab mir gedacht, auf mein Opferl wird es schon nicht ankommen. Dafür habe ich fleißig gebetet: Wir auch Würfel geben unsere Sünden und Inabsterbensamen. Inamen des Vaters und des Sohnes und des Heilingeistes. Und der Heiligionslehrer ist gekommen und hat gesagt, wir sind alle Kinder Gottes. Dann wieder hat er gesagt, wir sind alle seine lieben Kinder. Und ich hab mir gedacht, der Papa ist mir lieber. Nach dem Kindergarten war es immer gut, daß mich die Frieda heimgeführt hat.

Liebe

Die Mutter hat mit der Heidrun geschimpft, wenn die Heidrun wieder das Heidschibumbeidschi gesungen hat, weil ich da wieder geweint habe. Aber wenn die Mutter aus dem Zimmer war, dann hat die Heidrun gesagt, sie singt mir das Heidschibumbeidschi, und ich habe gesagt: Ja! Und sie hat es gesungen.

Und wenn ich ihr nicht gefolgt habe, hat sie gesagt: Jetzt kommt der Heidschibumbeidschi! Und weißt eh, der kommt und tragt dich fort. Und ich habe gesagt, bitte, sie soll es singen!

Dann hat sie mich auf den Schoß genommen und hat es mir ins Ohr gesungen, und ich habe geweint, bis wieder die Mutter gekommen ist und geschimpft hat.

Der Heidschibumbeidschi is kommen
und hat mei liabe Gitti mitgnommen!
Und hat's mitgnommen
und hat's nimmer bracht,
drum wünsch i meiner liaben Gitti
a recht guate Nacht!

Aber Heidschibumbeidschi bumbumm!
Aber Heidschibumbeidschi bumbumm!

Und ich habe recht geweint, weil ich der Heidrun ihre liabe Gitti war wegen dem Heidschibumbeidschi, und sonst nie, aber dann ist die Mutter wieder ins Zimmer gekommen und hat geschimpft.

Erfolgloser Hinweis

Unkeuschheit, das ist so etwas Nasses mit einer Bürste vielleicht, und Scheuern, und in einem Trog. Und wir sollen nicht Unkeuschheit treiben. Das ist leicht. Da habe ich beim lieben Gott schon wieder ein Einserl. Und wenn die Schwester Thaddäa, mit der blauen Warze auf der Unterlippe, sagt, daß sie daheim viele Kinder waren, und die Mutter hat ihnen nur die Schultern gewaschen und sonst nichts, und wenn sie im Bett gelegen sind, hat jedes Kind beim Einschlafen die Arme heraußen auf der Tuchent liegen gehabt, damit sie nichts tun können, da habe ich mir gedacht, wieso, man kann ja mit den Händen heraußen etwas tun, und daß die Schwester Thaddäa überhaupt einmal ein Kind war mit Geschwistern, das war alles sehr komisch. Und mich wäscht meine Mutter hinten und vorne, und die Frieda trocknet mich überall ab, und ich weiß ganz genau, ich habe trotzdem beim lieben Gott ein Einserl, weil wir daheim ja keinen Scheuerbesen haben und keinen Trog, und außerdem habe ich meine Hände immer unter der Tuchent, weil es wärmer ist.

Frühe Einsicht

Wo es noch grün ist, hört unser Vaterland auf, und dort, wo es gelb ist, das ist das Niemandsland. Und drüben die Tschechoslowakei. Dort ist das Gras auch so gelb, weil der liebe Gott bei den Kommunisten nichts wachsen läßt, sagt die Schwester Dorothea.

Die Kugel vom Herrn Chloupek

Ja, ja, du bist ein Fratz, hat er gesagt, wenn er mir das Maß genommen hat rundherum und in der Länge. Er hat so warm gerochen und so merkwürdig aus dem Mund, und in der ganzen Schneiderei hat es wirklich nach warmen Hintern gerochen, wie die Mutter immer geklagt hat. Da mag man gar nicht hineingehen. Aber jedes Jahr hat er etwas für mich genäht, und ich habe stillhalten müssen, wenn er mit dem Nadelkissen am Handgelenk überall hingegriffen hat, und mit seiner warmen Hand manchmal auf meine Wange, da tätschelt er mich und sagt: Ja, ja, die Schlimmste von der ganzen Gasse! Nein, habe ich gesagt. Und er wieder: Der größte Fratz, den es überhaupt gibt, bist du. Und ich muß wieder stillhalten und warten, bis er alles in sein Hefterl geschrieben hat. Und zum Schluß hat er mich immer gepackt und gehoben und gefragt, wie groß ich werden will und ob es vielleicht doch noch sein wird, daß mir die vorderen Zähne wachsen, sonst fällt am Ende noch einer in das große Loch, das ich da habe. Und so blöd habe ich immer ausgeschaut, wenn er mich ausgezogen hat und den Schnürlsamtstoff rundherum angenadelt hat beim Probieren. Die Kostüme vom Herrn Chloupek waren steif und haben nach ihm gerochen, aber sie waren für den Sonntag, und der Vater hat gesagt, so muß ein österreichisches Kind aussehen. Und eines Tages springt die Schneiderhilfe in unsere Ordination und sagt: Schnell, schnell, der Herr Chloupek kriegt keine Luft, der Herr Doktor muß sofort kommen, der Herr Chloupek ist ganz blau im Gesicht. Da habe ich mir gar nichts gedacht. Nur neugierig bin ich geworden. Und wie die Frau Chloupek in Trauer im Sommer durchs Schwimmbad gegangen ist, habe ich die Frieda gefragt, was mit dem Herrn Chloupek eigentlich war. Er hat sich erschossen, hat sie gesagt. Warum? Weil seine Frau ihn betrogen hat. Da habe ich mir gedacht, wenn ich sie gewesen wäre, ich hätte ihn auch angelogen. Und es hat mich noch jahrelang interessiert, wegen was sie gelogen hat.

Die Mutter ist fort

Von der Schwester Dorothea haben wir über das Fegefeuer und von der Hölle gelernt. Die Hölle habe ich mir lieber gar nicht vorgestellt, aber das Fegefeuer, das war wahrscheinlich unvermeidlich, und das war so mit vielen Besen und einem leichten Feuer.

Aber einmal in der Nacht ist mir die furchtbare Erleuchtung gekommen. Die Hölle ist, wenn meine Mutter stirbt. Und ich habe aufgepaßt, daß sie nicht stirbt, weil sie immer so blaß war. Ich habe ihr Kekse in den Mund geschoben und immer wieder ein Stückerl Schwarzbrot. Und die Mutter hat gesagt, ich soll aufhören, sie hat keinen Appetit.

Und wie Weihnachten war, habe ich geweint und zu meiner Mutter gesagt, wer weiß, was nächstes Jahr zu Weihnachten sein wird. Die Mutter hat gesagt, nichts wird sein, es wird wieder so sein wie jedes Jahr zu Weihnachten. Aber ich habe ihr vom Christbaum ein paar Windringerl in den Mund geschoben.

Dann hat meine Mutter an einem Nachmittag

gesagt, wir sollen brav sein und sie nicht stören, sie will jetzt ein heißes Bad nehmen. Und wie sie nach einer langen Zeit noch immer nicht aus dem Badezimmer gekommen ist, habe ich geklopft, ob sie schon fertig ist. Es hat sich nichts gerührt. Ich habe lauter geklopft und gerufen, aber sie hat keine Antwort gegeben. Da habe ich die Türschnalle heruntergedrückt, und die Tür war zugesperrt.

Mutter, Mutter, habe ich geschrien, Mutter! Aber es hat sich gar nichts gerührt.

Da bin ich schnell zum Schlosser gelaufen und habe gesagt, meine Mutter liegt in der Badewanne und sie sperrt nicht auf, vielleicht ist ihr etwas passiert.

Aber der Schlosser war gerade beim Jausnen, und er hat sich so viel Zeit gelassen, daß ich geschrien habe, wenn er nicht gleich aufsteht und meiner Mutter hilft, dann zeige ich ihn an. Da ist er aufgestanden und hat sich den Mund abgewischt, und mit einem großen Schlüsselbund ist er dann mit mir zu unserem Haus gegangen und die Stiegen hinauf ins Schlafzimmer und bis vor die Badezimmertür.

Er hat so langsam herumgetan mit seinen Schlüsseln, daß ich immer nur geschrien habe, er soll sich tummeln, sonst ist es zu spät. Und wie die Tür offen war, haben wir gesehen, daß die Wanne leer ist und überhaupt niemand drin. Alles war so wie es immer war, wenn gerade niemand badet.

Da kommt die Mutter die Stiegen herauf mit einem hübschen Kleid und sie hat sehr frisch ausgesehen, und sie hat gefragt, was ist denn los, und was machen denn Sie hier, Herr Kafka? Dann hat es ihr der Herr Kafka erzählt, und meine Mutter hat sich vielmals entschuldigt und hat sich über mich gewundert.

Sie hat gesagt, sie hat gebadet, und dann ist sie einkaufen gegangen. Und die Tür hat sie wahrscheinlich aus Versehen zugesperrt und den Schlüssel aus Versehen eingesteckt.

Und sie hat gesagt, das, was sie einkaufen wollte, hat sie nicht gekriegt, und deswegen muß sie morgen nach Linz fahren.

Da habe ich wieder Angst gehabt, daß ihr im Auto etwas passiert, und am nächsten Tag bin ich am Abend am Fenster gestanden und habe immer nur gewartet, daß das Auto kommt oder das Telefon läutet mit der Nachricht, die Mutter ist in einen Baum gefahren. Und ich habe schon überlegt, ob ich das einzige Taxi anrufen soll, das wir in Freistadt haben, weil die Mutter vielleicht im Finstern in einem Straßengraben liegt und verblutet, wenn niemand auf die Idee kommt, daß sie verunglückt ist.

Aber dann war sie da, und sie hat mir etwas aus

dem Kinderparadies mitgebracht. Aber es war kein Trost, daß sie diesmal gut heimgekommen ist. Sie wird ja immer wieder nach Linz fahren und immer wieder, und einmal wird etwas passieren.

Und einmal in der Nacht habe ich mir gedacht, die Hölle ist vielleicht, wenn ich in die Hölle komme und meine Mutter in den Himmel, und ich kann nicht zu ihr. Oder umgekehrt, und was ist der Himmel, wenn ich nicht zu meiner Mutter kann?

Da hatte ich meine ersten Depressionen.

Die Kleine darf alles,

weil sie einmal so krank war. Mich reißen sie beim Frisieren, wenn die Haare verfilzt sind, aber die Haare von der Kleinen sind immer verfilzt, nur frisiert sie niemand aus, weil sie so weint dabei.

Über die Kleine sagen alle: Mein Gott, war sie ein braves Kind, bevor sie krank war, und jetzt ist sie so jähzornig, aber das kommt nur von ihrer schweren Krankheit, und man darf mit ihr nicht schimpfen. Die Kleine schläft bei den Eltern im Bett, aber ich muß mit der Frieda im Kinderzimmer liegen, und die Kleine darf langsam essen und mit vollem Mund sprechen und muß nie aufräumen, aber ich darf gar nichts, und wenn der Papa da ist, muß ich den Mund halten, weil er so viel Arbeit hat, aber mit der Kleinen redet er immer.

Deshalb habe ich zur Kleinen gesagt: Ich frisiere dich! Da waren sie im Friedrich-Gulda-Konzert in Linz, die Mutter, der Vater und die große Schwester. Ich habe der Kleinen recht gut zugeredet und ihr versprochen, sie wird Haare haben wie eine Prinzessin, wenn ich sie einmal richtig frisiere.

Zuerst hat sie mir alles geglaubt und sich hingestellt, und wie es zum erstenmal weh getan hat, habe ich gerufen: Au! Und: Schönheit muß leiden! Und ich habe gesagt, man soll immer lachen, wenn etwas weh tut, und sie ist stehengeblieben, und ich bin ihr wieder mit dem Kamm durch die Haare gefahren.

Dann hat sie geweint, sie will keine schönen Haare, und ich habe gedroht, wenn sie sich nicht schön machen läßt, greift der Rübezahl durchs Fenster herein und holt sie.

Das haben sie nämlich zu mir auch immer gesagt. Und ich habe sie ordentlich frisiert, bis es mir unheimlich geworden ist, und wie die Eltern aus dem Konzert heimgekommen sind, habe ich gedacht: Hoffentlich sagt sie nichts!

Aber sie hat schon geschlafen.

Wir tun ein gutes Werk

Wie wir noch kein Postfach gehabt haben, hat uns immer der Briefträger Prinz die Briefe ins Haus gebracht, und er ist so gegen zwölf gekommen, manchmal aber auch später, erst um eins, wenn er sehr viel zu tun gehabt hat. Dann haben wir oft gesagt, daß denn der Herr Prinz heute so spät dran ist, und wir waren schon recht neugierig, weil die Mutti gesagt hat, immer, wenn er so spät kommt, ist dafür ein Brief dabei, auf den wir warten. Die Mutti hat ja auch gesagt, heute bekommen wir noch einen Besuch, wenn auf einmal ganz von selbst die Kastentür aufgegangen ist.

Oder was man die erste Nacht in einem fremden Bett träumt, das geht in Erfüllung.

Und wenn der Herr Prinz dann die Post so spät gebracht hat, dann war manchmal wirklich ein Brief von der Frau Feyerabend dabei oder aus Kanada, von der Tante Charlotte, und einmal, wie er wieder so spät gekommen ist, ist es der Mutter aufgefallen, daß der Herr Prinz so viel schwitzt.

Daß wir das immer übersehen haben, hat sie gesagt, und jetzt im Sommer ist es so heiß, und er rennt den ganzen Vormittag mit den Briefen von Haus zu Haus, und wir denken an gar nichts anderes, als ob er uns einen Brief bringt, und der Herr Prinz kann schon gar nicht mehr und ist am Verdursten!

Wir haben lange gesprochen darüber, was für einen schweren Beruf er hat, und wie er besonders im Sommer unter seiner Uniform leiden muß.

Daß die das bei der Post nicht verstehen, hat die Frieda gesagt, daß die Briefträger jetzt im August mit der dicken Jacke schwitzen! Daß es da keine leichteren Uniformen gibt, oder daß sie da nicht in einem kurzärmeligen Hemd gehen dürfen! Und die Kappe auch noch dazu, die muß er immer aufhaben, daß es ihm in Strömen von der Stirn herunterrinnt, und dazu die dicke Ledertasche.

Der Herr Prinz hat uns richtig leid getan, und am nächsten Tag haben die Frieda und die Mutti gesagt, es gibt eine Überraschung für ihn.

Im Eiskasten war ein großes Glas mit Orangensaft hergerichtet, tiefgekühlt, und wir haben uns alle gefreut darüber und haben schon voller Ungeduld gewartet auf den Augenblick, wo die Post kommt. Wie wir den Herrn Prinz seine Briefe abgeben lassen, und er schwitzt so fürchterlich, und dann sagen wir:

Einen Augenblick, Herr Prinz! Da haben wir

etwas für Sie! Das haben wir uns immer wieder vorgestellt, und besonders ich bin dabei ganz durstig geworden.

Und dann ist er wirklich gekommen, und er hat die Post abgegeben, und wir haben gar nicht geschaut, von wem die Briefe waren, und die Mutti und die Frieda haben gesagt:

Einen Augenblick, Herr Prinz!

Die Frieda ist zum Eiskasten und hat ihn aufgemacht und hat den Orangensaft herausgenommen und hat ihn dem Herrn Prinz feierlich überreicht.

Er hat sich die Kappe heruntergezogen, und auf der Stirn waren lauter dicke Schweißkugeln. Und er hat im Stehen schnell das Glas ausgetrunken, auf einen Zug, dann hat er es zurückgegeben und gesagt: Danke! und hat sich die Kappe wieder aufgesetzt und die Tasche umgehängt und wollte schon gehen, aber jetzt habe ich mich nicht mehr zurückhalten können, und weil er selbst ja gar nichts gesagt hat, und ich habe ihn gefragt:

Hat's g'schmeckt?

Er hat gesagt: Ja, danke. Und dann war er fort.

Da haben alle mit mir geschimpft, daß man so etwas nicht fragt. Aber ich habe mir halt irgendwie etwas viel Großartigeres erwartet.

Unsere Dienstmädeln

Zuerst war die Frieda, und dann die Guggi, und später noch die Edeltraud und die Angela, aber die waren nicht mehr so wie die Frieda oder die Guggi.

Die Frieda ist vorher in der Schweiz gewesen als Tochter, und wie sie gekommen ist, hat sie noch im Hals gepfaucht. Aber dann hat sie sich schnell eingewöhnt, und ich habe sie gefragt, wo das ist, die Schweiz, wo man so pfaucht. Weil es mich immer interessiert hat. Sie hat nämlich gesagt, sie war in *der* Schweiz und nicht in Schweiz, und man fährt nicht nach Schweiz, sondern *in die* Schweiz. Und das hat mich sehr interessiert. Man fährt mit dem Zug, hat sie gesagt, viele Stunden, und dort gibt es immer Erdbeben, daß die Berge zittern. Oder Erdbeben, weil die Berge so zittern. Und das Geschirr scheppert auf den Tischen. Und ich habe mir gedacht, sei froh, daß du heraußen bist.

Die Frieda haben wir dann verloren, weil sie ein Kind gekriegt hat. Aber vorher war sie drei Jahre bei uns. So streng war sie und so groß, daß sich meine Mutter nie etwas getraut hat gegen sie. Nur einmal, da hat sie gesagt: Frieda, Sie schlagen meine Kinder nicht! Da hat sie mir nämlich eine geschmiert, ich weiß gar nicht, warum. Ich habe jedenfalls laut geschrien und mir das Ohr gehalten. Weil ich bei den Ohren so empfindlich war, deshalb hat mir nie jemand eine schmieren dürfen. Aber die Frieda hat dafür gesorgt, daß Ordnung herrscht im Haus.

Der Vater war auch sehr zufrieden mit ihr. Aber er hat es nicht gewollt, daß sie ihm das Frühstück kocht. Sie hat nämlich die Butter immer so aus dem Papier genommen, daß man die Fingerabdrücke gesehen hat, und der Vater war beim Essen besonders fein.

Dann hat sie das Kind gekriegt und viel geweint, und dann ist sie fort und hat gesagt, sie wird uns nie mehr vergessen, und es ist die Guggi gekommen. Sie war so klein, daß ich gleich erleichtert war, und ich habe wieder kranke Ohren gehabt, und wie der Vater die Guggi zu meiner Matratze führt, sagt sie ganz leise: Bist du krank? Das ist eine Liebe, habe ich mir gedacht und bin aufgestanden, damit ich sie mir näher anschaue.

Der Vater hat ihr gerade das Kinderzimmer gezeigt, wo ich ausnahmsweise nicht drinnengelegen bin, weil, wer krank war, der hat bei den Eltern schlafen dürfen auf einer Matratze. Und die Guggi hat sich alles angeschaut, die Betten und die Nachtkästchen und den Linoleumboden, und immer hat sie gesagt: Das ist sehr schön! Das ist sehr schön!

Zwei Jahre war sie bei uns, bis sie geheiratet hat.

Von der Guggi habe ich gelernt, was Damenbinden sind und ein Zungenkuß. Überhaupt hat sie mir Sachen erzählt, wo die Frieda gesagt hätte: Du bist noch ein Kind. Und von der Guggi habe ich alle Haberer gewußt. Und wie der Franz gekommen ist auf Besuch und die Großmutter gefragt hat: Wer ist denn der Herr? Da habe ich ganz laut gerufen: Das ist der Haberer von der Guggi!

Da hat die Großmutter den Kopf geschüttelt wie immer, wenn sie sich wundert, wo wir das wieder gelernt haben. Und dem Franz habe ich Zöpfchen in die Stirnfransen geflochten und bin auf ihm herumgeturnt und es war sehr gut, daß die Guggi den Franz gehabt hat.

Aber in Italien, wenn wir nach Grado gefahren sind, hat sie den Nico gehabt und dann den Rino. Ich habe alles miterleben dürfen, wenn sie sich getroffen haben, der Nico und die Guggi oder der Rino und die Guggi. Bella bionda, bella bambina, hat er zu mir gesagt. Die Guggi hat immer aufpassen müssen, daß sie der Nico nicht sieht, wenn sie den Rino trifft, und das war schwer, weil ihr roter Rock von weitem geleuchtet hat, wenn wir aus dem Hotel gegangen sind.

Die Augenbrauen hat sie mir gezupft, daß mein Vater geschimpft hat, ich sehe aus wie ein Maikäfer, und die Zehennägel hat sie mir rosa lackiert.

Ein Motorrad hat sie gehabt, mit dem ist sie zweimal im Monat nach Hause gefahren auf den Bauernhof zu ihrem Bruder. Und für die Zeit, in der sie das Motorrad nicht gebraucht hat, hat sie es dem Franz geborgt.

Der Franz hat sich gewundert, warum die Guggi in ihrem Nachtkästchen ein italienisches Wörterbuch hat, und die vielen italienischen Briefe. Da hat er ihr das Motorrad zurückgegeben und ihr ein dickes leeres Briefpapier geschenkt, wo in einer Ecke ganz klein gestanden ist in seiner Schrift: So leer wie diese Blätter ist mein Herz ohne dich.

Da haben sie dann geheiratet, und wir waren wieder ohne Dienstmädel. Sie hat geweint am letzten Abend, und meine Mutter hat gesagt: Aber Guggi, es sind ja nur dreihundertfünfzig Meter, da können Sie uns ja jeden Tag besuchen.

Am letzten Abend haben wir zusammen noch einmal *Smoke Gets In Your Eyes* gesungen und alle anderen englischen Lieder, die sie mir gelernt hat.

Statt der Guggi war dann die Edeltraud bei uns.

Ganz winzige Augen hat sie gehabt und einen geschwollenen Mund, und so langsam war sie, daß der Vater und die Mutter immer nervös geworden sind, wenn sie ihr zugeschaut haben beim Geschirrabwaschen. Jeden Tag ist ihr die Milch übergegangen, und wie mein Vater sie einmal darauf aufmerksam gemacht hat, hat sie gesagt, sie kann es sich selber nicht erklären, warum das so ist. Am Abend habe ich ihr Liebesromane vorlesen müssen in Fortsetzungen, von einem schönen Mädchen Silvana, die so rein ist wie ein Edelstein, und sie wird geliebt von einem Prinzen aus England, aber selbst ist sie nur eine Warenhausverkäuferin und wird als Diebin verhaftet, obwohl sie nichts gestohlen hat. Aber die Edeltraud hat immer schon nach ein paar Minuten geschnarcht. Ihr war alles so gleichgültig.

Deshalb habe ich einmal probiert, ob ich sie in Bewegung bringen kann, und ich habe mich im Kinderzimmer auf die Bettkante gesetzt und gesagt, jetzt muß ich ihr etwas erzählen. Sie hat mich mit ihren winzigen Augen ganz gleichgültig angeschaut. Du, Edeltraud, habe ich gesagt, es ist ein großes Geheimnis, was ich dir jetzt anvertraue, und du darfst es niemandem sagen. Sie hat mich nur angeschaut. Schwöre es mir, habe ich gesagt. Da hat sie gesagt, sie schwört es, und ob es meine Eltern wissen. Du, Edeltraud, habe ich gesagt, es ist so traurig. Und ich habe die Augen so lange offengehalten, bis mir Tränen heruntergeronnen sind. Und ich habe mich so gedreht, daß sie mein Gesicht und die Tränen gut sieht. Und dann habe ich gesagt: Meine Eltern sind nicht meine richtigen Eltern. Ich bin von ihnen gefunden worden und nur aufgenommen, und immer wenn ich an meine richtigen Eltern denke, muß ich weinen.

Da hat sie ein ganz blödes Gesicht gemacht. Und hat gesagt, sie glaubt es nicht. Ich habe aber voller Tränen stumm genickt, und da fragt sie, wer meine Eltern sind.

Das weiß ich eben nicht! habe ich gesagt, deswegen bin ich ja immer so traurig.

Und die Edeltraud hat sich nur das Ekzem an ihrem Unterarm gekratzt und mich angeschaut wie eine Schildkröte.

Glaubst du es mir oder glaubst du es nicht, habe ich sie gefragt. Und sie hat mich wieder so angeschaut, daß ich gesehen habe, sie weiß nicht einmal, ob sie es glauben soll oder nicht. Sie war einfach zu dumm. Und am Abend vor dem Einschlafen habe ich ihr wieder aus dem Roman vorgelesen, und manchmal habe ich ihr von der Guggi erzählt, wie interessant es war mit ihr, und von der Frieda, wie sich alle gefürchtet haben vor ihr, aber das hat gar keinen Eindruck auf sie gemacht.

Anstatt daß sie sich ein kleines Beispiel genommen hätte an der Guggi oder an der Frieda, ist sie einfach eingeschlafen.

Dann haben sie außerhalb der Stadt die Fabrik gebaut, und es hat keine Dienstmädchen mehr gegeben. Die Edeltraud ist sofort hinaus und eine Näherin geworden. Manchmal habe ich sie am Abend abgeholt, und ich wäre auch gern in der Fabrik gewesen statt in der Schule, weil die Edeltraud und ihre Freundin ein Zimmer gemietet haben in der Stadt, ganz unabhängig, und da sind oft Burschen aus der Kaserne zu Besuch gekommen.

Dienstmädchen hat es nur mehr gegeben zu dreitausend Schilling im Monat mit Fernseher und jeden Sonntag frei. Aber durch einen Zufall ist dann die Angela ins Haus gekommen.

Sie war nur vier Tage und zwei Nächte bei uns. Und sehr vielversprechend hat es angefangen. Es war am Allerheiligentag. Die ganze Familie auf dem Friedhof, nur ich nicht, wegen meiner empfindlichen Ohren. Und die Angela setzt sich auf den Küchentisch und zieht den Rock hinauf und sagt, das wird sie im Winter tun auf dem Ball, weil die Männer ganz verrückt werden, wenn sie Knie sehen. Und wenn ich will, nimmt sie mich mit, sie kennt so viele. Und sie hätte eine Schlagersängerin werden können mit ihrem Aussehen, aber weil sie einen inneren Kropf hat, ist nichts daraus geworden.

Endlich ein Dienstmädel, die gleiche Interessen hat, habe ich mir gedacht.

Aber am nächsten Abend war die Etagere im Badezimmer fast leer. Nur die Zahnbürste von der Mutter und der Rasierapparat vom Vater sind noch dort gelegen. Im Schrank von der Angela haben wir dann alles wiedergefunden: Das Rhizinusöl, die Wimpernbürste, den Lippenstift, den Puder und den Haarspray. Die Mutter hat unter vier Augen und in aller Güte mit der Angela ein Gespräch geführt. Dabei ist die Angela ganz rot geworden und hat gesagt, sie wird es nie wieder tun. Aber am nächsten Abend waren alle Lockenwickler weg, und die Unterwäsche von der Mutter hat sie in ihrem Koffer auf dem Dachboden versteckt. Jetzt hat die Mutter wieder mit ihr geredet, unter vier Augen, und die Angela hat gesagt, sie wird es nicht mehr tun. In der darauffolgenden Nacht ist sie aber nicht heimgekommen, und meine Mutter hat gesagt, das geht nicht. Weil auch das Goldketterl von meiner älteren Schwester gefehlt hat.

Meine Mutter hat mit der Mutter von der Angela ein Gespräch geführt, und die Mutter von der Angela ist mit der Angela gekommen und hat gesagt: Da, knie nieder und bitte um Verzeihung!

Die Angela hat sich im Vorhaus hingekniet und um Verzeihung gebeten. Meine Mutter hat gesagt, einmal probiert sie es noch mit ihr.

Aber dann war die Etagere wieder leer, und die Zigaretten vom Vater haben gefehlt, und der Vater hat gesagt, es ist besser, wenn uns die Angela wieder verläßt.

Jetzt haben wir die Frau Knoll, die kommt dreimal in der Woche aufräumen, seit zwölf Jahren. Wenn sie fertig ist, kocht ihr die Mutter einen Kaffee. Dann sitzt die Frau Knoll und raucht, und man spürt deutlich, daß schon lange eine neue Zeit angefangen hat.

Die erste Ohrfeige

Wie er in Graz eingezogen ist, haben sie im Radio durchgegeben, der Führer hat zu Mittag Erdäpfel und Spinat gegessen. Das hat meiner Mutter gefallen, und sie hat sich gedacht, er ist wirklich ein guter Mensch. Weil auch ihr die Tiere immer sehr leid getan haben.

Und wie im Radio durchgegeben worden ist, der Führer ist im Reichsbunker gefallen, da hat sich meine Mutter gedacht, das kann eine Falschmeldung sein. Der Führer will sehen, welche noch zu ihm halten und welche nicht.

Sie hat gebetet, daß es nicht wahr ist, und daß ihr der liebe Gott ein Zeichen gibt. In der Nacht hat sie das Bild vom Führer von der Wand heruntergeholt und auf die Tuchent gelegt. Wenn es morgen noch auf dem Bett liegt, hat sie sich gedacht, dann lebt er. Und wenn es auf dem Boden liegt, dann ist er tot.

Sie hat recht vorsichtig geschlafen, aber wie sie aufgewacht ist, war das Bild auf dem Boden.

Und wie sie mit meiner älteren Schwester, die ein Kind für den Führer war, zum Onkel nach

Budweis gefahren ist, war der Onkel in einem Lager. Jeden Tag ist sie sechs Kilometer zu Fuß gegangen und hat ihm ein Stück Schwarzbrot gebracht. Die Bewacher von dem Lager haben ihr Zeitungen und Illustrierte gezeigt mit Fotografien über Verbrechen, die der Führer begangen haben soll. Da hat sie gehofft, daß es nicht wahr ist.

Und wie meine ältere Schwester später aus dem Kino heimgekommen ist und gesagt hat, es war wirklich furchtbar, was sie in *Mein Kampf* gesehen hat, da hat die Mutter gesagt, es ist ein Film, in dem alles übertrieben wird, und der Hitler war unschuldig, aber von bösen Menschen umgeben, die ihn betrogen und ausgenützt haben.

Und wie ich gefragt habe, wer das ist, der Hitler, da hat sie meinen Vater angeschaut, damit er es erklärt, aber der Vater hat geschwiegen. Und wie meine Schwester es mir gerade sagen will, sagt die Mutter, daß der Hitler ein Mann war, der aus Deutschland zu uns nach Österreich gekommen ist, weil er gesehen hat, daß es bei uns keine Arbeit gibt, und er hat uns eine Arbeit gegeben, und alle haben dann arbeiten dürfen. Da habe ich gesagt: So ein Trottel. Und die Mutter hat mir eine geschmiert.

Dahingerafft

Die Schwester Dorothea hat eine spitze Nase mit einem Tröpfchen.

„Glasner Leopoldine!" ruft sie. „Warum weinst du?"

Der Glasner Poldi ihre Zähne stehen vorne weit auseinander. „Ich habe Heimweh", sagt sie.

Die Ärmel von der Glasner Poldi sind schwarz wie das ganze Internatsgewand. Aber ihre Haare kräuseln sich über der Stirn, und ihre Augen haben Wimpern, aber die von der Schwester Dorothea nicht. Die sind nur immer so religiös.

„Hör auf mit dem Weinen! Setz dich wieder nieder!"

Die Poldi setzt sich in die hölzerne Bank und schneuzt sich. Das Taschentuch steckte sie in den Ärmel, so wie die Klosterschwestern von der Klosterschule der Armen Schulschwestern am Klosterbergerl immer ihre Taschentücher in die schwarzen, weiten Ärmel schieben. Voller Ehrfurcht und Benehmen schaut die Poldi auf die Schwester Dorothea.

Wenn die Schwester Dorothea eins von ihren

Taschentüchern herausnimmt, riecht es süßlich. So, wie es einem gleich ins Gesicht fährt, wenn man die Klostertür aufmacht und vorbei am Pförtnerfenster, wo die Frau Pfleger sitzt, durch die Gänge ins Klassenzimmer geht. Die Frau Pfleger hat es gut, die braucht nur dort zu sitzen, und immer häkelt sie. Und immer riecht die Luft so süßlich und aufgewärmt. Es kommt vielleicht aus der Klosterküche. Oder aus dem Zimmer, wo niemand hinein darf, nur der Pfarrer, weil darauf steht: Klausur.

Wie die Schwester Dorothea gestorben ist, haben wir in Zweierreihe antreten müssen und hinein in ein kaltes Kabinett, wo die spitze Nase aus vielen Gladiolen herausschaut. Wie aus gelbem Wachs liegt die Schwester Dorothea, mit gefalteten Händen, im offenen Sarg.

Die Kinder fürchten sich ein bißchen und sind ein bißchen froh: wieder eine weniger.

Der Kaiser Josef

Der Kaiser Josef wohnt hinter der Brauerei mit seiner Mutter, die so schwer geht, weil sie dickes Blut hat, und mit seiner Schwester, die bildet sich etwas ein, aber der Josef spielt Vater, Mutter und Kind mit uns, und einmal, wie wir gerade so schön gespielt haben, sagt er, er zeigt uns alles, wenn wir ihm auch alles zeigen, und er weiß einen Platz, wo uns niemand sieht. Dort haben wir uns auf den Linoleumfußboden gesetzt, und er hat seine Hose aufgemacht und hat alles gezeigt. Aber wie wir es so gesehen haben, sagt die Leitner Lisi, sie zeigt ihm nichts, weil er ist sitzengeblieben und geht erst in die zweite Volksschule. Da hat er gesagt, wir sollen ihm wenigstens unseren Hintern zeigen, und wir haben gesagt nein.

Dann haben wir wieder Vater, Mutter und Kind gespielt. Aber irgendwie haben wir jetzt richtig gespürt, daß er als Mann unser Beschützer ist.

Der Herr Rösslhuber

Es ist nur die Schuld vom Herr Rösslhuber, daß ich nicht klavierspielen kann. Er war mein Klavierlehrer. Die Leitner Lisi und ich haben bei ihm miteinander Klavierstunde gehabt jeden Dienstag um drei, und sie kann auch nicht klavierspielen, und das war so:

Wie mich die Leitner Lisi aufgeklärt hat, hat der Herr Rösslhuber gerade geheiratet, und er und seine Frau haben dreimal hintereinander ein Kind gekriegt. Von der Leitner Lisi habe ich aber jetzt gewußt, was ein Mann mit seiner Frau machen muß, nur damit sie ein Kind kriegt, und der Herr Rösslhuber hat wunderbar klaviergespielt. Aber immer, wenn er so gesessen ist und gespielt hat und gespielt, habe ich mir vorgestellt, wie er das dreimal hintereinander in so kurzer Zeit gemacht hat, und ich habe gefunden, daß der Herr Rösslhuber übertreibt. Und wie er mir dann eines Tages auf einen Zettel geschrieben hat IL BACIO, damit ich das richtige Heft vom Klingenden Alphabet kaufe, da hat er gesagt: „Bacio ist italienisch und heißt Kuß."

Ich habe gar nicht schlafen können, am Dienstagabend und am Mittwoch und jede Nacht bis zum Montag, weil ich mir immer wieder vorgestellt habe, wie ich auf dem Klavier vom Herrn Rösslhuber IL BACIO spiele und sich dann der Herr Rösslhuber über das Klavier beugt und mich fragt, ob ich jetzt, wo ich den Kußwalzer so gut gelernt habe, auch lernen möchte, was ein Kuß ist, und daß er es mir dann zeigen will. Am Montag habe ich zur Leitner Lisi gesagt, daß mich das Klavierspielen eigentlich überhaupt nicht interessiert, und sie hat gesagt, sie interessiert es auch nicht. Am Dienstag haben wir dann die Klavierstunde geschwänzt, und am nächsten Dienstag wieder, und so lange, bis unsere Eltern draufgekommen sind. Wir haben zu unseren Eltern gesagt, daß uns das Klavierspielen die ganze Jugend verdirbt, und das haben sie nicht verstanden. Aber sie haben es dann aufgeben müssen, weil wir einfach gesagt haben: „Wir gehen nicht mehr zum Herrn Rösslhuber." Heute ist er Professor am Konservatorium, und seine drei Söhne spielen Violine.

Menthinen

Jugendfrei! Wenn die Anneli kein Geld kriegt fürs Kino, geht sie einfach mit mir, und wir setzen uns auf einen Platz, das ist erlaubt, weil wir so klein und dünn sind. Oder wenn sie schon um zwei Uhr war, und ich habe meine Karte für vier, und die Anneli kommt mir mit roten Wangen in der Salzgasse entgegen und sagt, es war so schön, dann nehme ich sie mit mir hinein, und wir setzen uns auf einen Platz und rutschen hin und her, und die Anneli sagt voraus, was passiert. Ihr Atem ist ganz heiß, wenn sie mir ins Ohr flüstert, wer wen heiratet. Und wenn er sie gekriegt hat, ist das Kino aus. Sie umarmen sich zum Schluß, der Mann legt seinen Mund auf das Kinn von der Frau, die Musik kommt noch einmal sehr herrlich, aber dann wird es hell, und wir haben alle Menthinen aufgegessen. Das blauweiße Zellophanpapier schmeißen wir weg. In der Salzgasse ist es kühl. Die Anneli muß gleich heimgehen, weil ihr Vater jeden Sonntag einen Rausch hat, da kriegt sie ihre Watschen. Ich muß auch heim, weil ich auf der Straße nichts verloren habe.

Du bist kein Gassenkind! Du bist kein Gassenmensch! Daß ich mit der Anneli im Kino war, darf ich nicht sagen. Ich sage nur, es war sehr schön. Wir wollen nicht, daß du mit ihr spielst, ihre Eltern sind Proleten, und das verstehst du noch nicht! Die Anneli kommt uns nicht ins Haus! Und wehe, wenn dich der Papa mit ihr noch einmal auf der Straße sieht! Er erlaubt es nicht, hörst du? Und damit du es ein bißchen begreifst: Unsere Frieda hat vorigen Sommer das Fahrrad beim Greutler vergessen, direkt vor dem Geschäft, und die Mutter von der Anneli hat es aufs Fundamt gebracht, damit sie zwanzig Schilling herausschindet, aber sie muß genau gewußt haben, das blaue Fahrrad gehört uns! Und den Vater von der Anneli kennst du ja, wie er betrunken auf der Straße liegt. Du mußt einsehen, daß wir die Anneli nicht erlauben! Warum spielst du nicht mit der Leitner Lisi oder mit der Roggenschaub Gundula? Das sind gute Familien wie wir! Du mußt nicht unbedingt mit dem Frühwirthmensch Blumen pflücken gehen! Schämst du dich nicht mit so einer, der die Rotzglocke herunterhängt, weil ihre Mutter sie nicht einmal schneuzt? Daß es dir da nicht graust! Und noch ein letztesmal: wenn mir wieder jemand erzählt, er hat dich mit der Anneli gesehen, gibt es Ohrfeigen und Hausarrest!

Beim Frühwirth haben sie einen Fernsehapparat, und die Löwinger-Bühne ist so wahnsinnig lustig, da setzt sich einer auf einen heißen Ofen und so, sagt die Anneli, sogar der Vater lacht! Ich habe es vorsichtig meinem Vater erzählt, daß ich gehört habe von einer Löwinger-Bühne, da würden wir es lustig haben daheim, wenn wir auch einen Fernsehapparat hätten. Aber mein Vater hat etwas Furchtbares geantwortet, ich bin primitiv oder so, und einen Fernsehapparat kaufen sich nur die Primitiven, und die Anneli sagt, bei jedem Namenstag wird man um ein Jahr älter. Nein, sage ich, nur beim Geburtstag! Aber auch bei jedem Namenstag, sagt sie. Da müßten wir ja schon sechzehn sein, du blödes Proletenmensch, sage ich, und die Rotzglocke hängt dir schon wieder herunter, weißt du was? Ich bin eine Arzttochter, aber du bist ein Arbeiterkind! Ich bin eine Arbeitertochter, sagt die Anneli. Nein, eine Tochter ist man nur bei etwas Hohem, wie Arzt oder so, und du bist ein primitives Proletenmensch, und die Löwinger-Bühne ist nicht lustig, das glaubst du nur! Und deine Mutter hat unser Fahrrad aufs Fundamt gebracht, weil ihr alle solche Primitive seid! Trotzdem wird man bei jedem Namenstag um ein Jahr älter, schreit die Anneli, weil jedes Jahr ein Jahr vergeht bis zum nächsten, und spuckt mir ins Gesicht.

Die Schwester von der Anneli ist keine richtige Schwester. Sie ist ein Kind, aber kein richtiges. Der Kopf ist ganz klein und die Arme sind weich und lang. Obwohl sie schon fünf Jahre alt ist, kann man mit ihr nicht spielen. Sie ist nur zum Anschauen und zum Füttern. Die Frau Frühwirth schiebt ihr das Futter mit dem Löffel hinein, und wenn die Elvira den Mund zumacht, rinnt es wieder heraus. Die Frau Frühwirth streicht es mit dem Löffel zusammen und schiebt es ihr wieder hinein, bis fast nichts mehr herausrinnt, und die letzten Tropfen, die herausrinnen, fängt sie mit dem Löffel und schluckt sie selbst hinunter. Das dauert lange, bis die Elvira gefüttert ist, aber die Frau Frühwirth schimpft nie. Wie die Elvira stirbt, sagen alle, es ist ein Glück. Aber die Anneli weint, und die Frau Frühwirth besonders. Der Herr Frühwirth hat sich keinen Rausch angetrunken, sondern schön angezogen fürs Begräbnis. Es sind nur ein paar Leute mitgegangen und keine Kinder.

Aber oft ist die Anneli falsch, und dann sage ich: Falsche Katz, rote Haar! Rote Haar, falsche Katz! Und sie packt meinen Zopf und reißt ein ganzes Büschel heraus. Dein Vater ist eh ein Schwarzer, dein Vater ist eh ein Schwarzer! Und ich schreie: Dein Vater ist eh ein Roter, dein Vater ist eh ein Roter!

Einmal habe ich einen schönen Traum gehabt.

Meine Mutter sagt, ab heute darf ich mit der Anneli gehen, und die Anneli kommt ins Haus, und wir sitzen im Garten, und der Vater in der Ordination weiß es, daß die Anneli da ist, und die Mutter macht uns eine Jause, und ab heute darf die Anneli jeden Tag zu mir ins Zimmer kommen. Aber dann bin ich aufgewacht. Das habe ich der Anneli erzählt, und sie hat gesagt, ihre Mutter hat auch oft den schönen Traum, daß sie draußen am Friedhof ist, und dort gleich beim Eingang steht das Gitterbett von der Elvira, und die Elvira sitzt drin, und man kann sie füttern.

Sie zeigt auf ihn und sagt: Das ist der Affenzeller Otto. Auf der Promenade ist es finster, und ich kann sein Gesicht nicht sehen, aber ich spüre sofort etwas Wunderbares, und jetzt bin ich mit der Anneli in den Affenzeller verliebt, und wir passen ihn ab, wenn er Karpfen füttern geht. Wir erzählten es der Leitner Lisi und der Roggenschaub Gundula, und jetzt sind wir alle in den Affenzeller verliebt, nur die Glasner Poldi nicht. Die lassen sie ja nicht heraus. Aber der Affenzeller steht auf die Anneli. Auf dem Weg ins Schwimmbad hat er sie hinten geboxt und ist weitergelaufen und hat gerufen: Frühwirth, wennst nix dagegen hast, dann steh ich auf dich. Die Leitner Gerda heiratet einmal den großen Bruder vom Affenzeller. Deswegen darf die Lisi manchmal mitgehen, und sie weiß, daß der Otto ein eigenes Zimmer hat mit lauter Tierbildern.

Auf einem Zettel von der Anneli steht, daß sie vom Affenzeller Otto hunderttausendeinhundertmillionen Küsse haben will und tausendmilliardensechsbillionen Kinder. Ich habe zurückgeschrieben, daß ich vom Affenzeller zweihunderttausendfünfhundertmillionen Küsse haben will und zehntausendmilliardenzehnbillionen Kinder. Den Zettel hat die Schwester Dorothea abgefangen und still gelesen. Und ich bin schmutzig dagestanden wegen meiner Unkeuschheit.

Aber der Affenzeller ist so wunderbar. Er geht schon in die zweite Gymnasium, da sind die Lehrer Männer und so blöd, daß man sie sekkieren kann, und er sekkiert jeden! Er tut sich gar nichts an, sondern lacht höchstens. Dann muß er aus der Klasse hinausgehen, weil der Faßl sagt: Entfernen Sie sich! Den haben sie in Physik, und er sagt Sie. Und im Gymnasium zeigt man nicht mit dem Zeigefinger auf, sondern mit zwei Fingern, oder man darf auch mit der ganzen Hand. Darauf freuen wir uns schon, die Leitner Lisi und ich. Nur die Anneli kann sich nicht freuen. Sie kommt in die Hauptschule und muß noch vier Jahre im Kloster bleiben.

Der Mann, der in Untermiete hinten im Hof bei ihnen wohnt, hat es bei der Anneli gemacht. Sie mag ihn so gern, aber das hätte sie sich nie gedacht, daß er so etwas macht. Nachher hat er ihr hundert Schilling geschenkt. Jetzt müssen wir hundert Eis essen, damit die Frau Frühwirth das Geld nicht findet. Wir laden auch die Roggenschaub Gundula ein und die Leitner Lisi. Obwohl die Lisi immer Geld hat, weil sie es einfach stiehlt. Aber der Mann macht es wieder, und die Anneli muß das Geld in den Kanal schmeißen. Später gibt es noch einen, der macht es auch. Er wohnt hinter der Kirche. Aber er streichelt sie nur und gibt ihr nichts, und da geht sie lieber hin, weil er hat so große Bücher mit Fotos, die schaut sie sich nachher immer an.

Seit ich im Gymnasium bin, rede ich nach der Schrift, und mit der Anneli gar nichts mehr, weil sie gesagt hat: So blöd, wie du redest. Und ich denke mir, meine Mutter hat recht gehabt, und wenn wir uns in der Stadt begegnen, zufällig, weil ja das Gymnasium auf der anderen Seite ist, weit weg vom Kloster, schauen wir alle zwei weg, damit wir uns nicht grüßen müssen.

Ein günstiger Wurf

Wie wir den Burschi gekriegt haben, war es für uns alle eine Überraschung. Weil der Papa immer gesagt hat, es kommt kein Hund ins Haus. Und die Mutti auch. Nämlich, der Hund vom Doktor Preinfalk, der hat immer so gestunken, und die Mutti hat gesagt, wenn man einen Hund hat, dann liegen die Hundehaare auf dem Teller und im Essen, und das ist unmöglich in einem Arzthaushalt. Aber dann ist der Burschi gekommen in einer Decke. Er war noch ganz klein, mit einem faltigen Kopf und Augen, wie wenn er ein schlechtes Gewissen hätte, weil er jetzt den Hund darstellt im Arzthaushalt. Aber der Papa hat gesagt, es war ein günstiger Wurf, und als Jäger will er endlich einmal auch einen Hund haben so wie seine Jägerfreunde. Wir haben uns geärgert, daß er Bongo heißt, weil das kein Name ist für so einen lieben Hund, und der Papa hat gesagt, sein Züchter hat ihn so genannt, wie er ihn aus dem Korb genommen hat. Da haben wir beschlossen, er heißt Burschi, weil wir eh keinen Bruder haben, und als Burschi ist er heute bekannt in der ganzen Stadt.

Und beliebt, weil er niemandem etwas tut, sondern jedem gleich zuläuft und vor jedem Hund davon. Weil er immer so zittert, glauben die Leute, er hat etwas. Dabei kommt es von der Rasse. Sein Stammbaum ist edel und reicht weit zurück. Mager ist er auch und sehr sensibel. Das gehört ebenfalls zur Rasse. Aber er ißt das beste Fleisch und Schokoladekeks und Eis mit Schlag. Manchmal, wenn die Mutti mit ihm einkaufen geht, steckt ihm die Fleischhauerin ein Wurstradl zu. Da freut sich die Mutti immer, daß er es nicht nimmt. Und jetzt haben wir ihn schon vierzehn Jahre, aber der Papa geht noch immer allein auf die Jagd, weil der Burschi, wie er zum Abrichten geschickt worden ist und wir alle geweint haben, am nächsten Tag, gerade wie wir wieder unter Tränen von ihm gesprochen haben, mit durchgebissener Leine und ganz vereister Schnauze zur Tür hereingestürmt ist. Wie einen Sieger haben wir ihn begrüßt. Nur der Papa, der dann zum Mittagessen gekommen ist, hat gesagt, das ist kein Anlaß zur Freude. Aber wir haben den Burschi nicht mehr fortgelassen. Ein Erzieher ist jeden Tag ins Haus gekommen, der hat ihn abgeholt. Der Herr Retzhofer vom Arbeitsamt. Der hat den Burschi mitgenommen und nach zwei Stunden wieder gebracht und gesagt, er lernt schon sehr viel. Der Papa ist einmal mitgegangen mit dem Burschi und dem Retzhofer, und wie er zurückgekommen ist, hat er gesagt, es ist wirklich wahr, der Burschi ist hochintelligent. Aber dann hat der Herr Retzhofer wegen seiner Scheidung keine Zeit mehr gehabt, und der Burschi hat alles wieder verlernt. Wir haben ihn manchmal sekkiert und gesagt: Burschi, der Herr Retzhofer kommt! Da ist er gleich zur Vorzimmertür und hat gewedelt und gewedelt und geniest und geniest, und das hat er noch jahrelang gemacht, wenn wir gesagt haben: Burschi, der Herr Retzhofer! Wir haben es ja nur gemacht, damit wir sehen, ob sein Gedächtnis noch frisch ist. Und er hat sich immer erinnert, auch, wenn wir nur gesagt haben: Burschi, der Herr – –! Da war er schon ganz aufmerksam und hat die Ohren verschoben. Spitzen kann er sie nicht, weil es Hängeohren sind. Und einmal ist es dem Papa wieder zu dumm geworden, daß ihm die Weiber daheim den Hund verpatzen, und er hat den Burschi zum Voitl gegeben nach Kerschbaum. Da ist die Mutti aber mitgefahren und hat zugeschaut bei der Schulung, und der Voitl ist so ein Grobian, da hat die Mutti den Burschi sofort wieder nach Hause geholt. Dann hat der Papa noch probiert, ob man den Burschi einfach so auf die Jagd mitnehmen kann, weil er ja ein geborener Jagd- und Vorstehhund ist, und weil er vielleicht gar keine Dressur braucht, wenn in dem Stammbaum lauter hochgezüchtete und hochdressierte Jagdhunde waren, weil das ja irgendwie durch Mutation weitergegeben worden sein könnte. Aber dem Burschi war es auf der Jagd zu kalt, und er hat sich mit den Hinterpfoten auf die Stiefel vom Papa gestellt und die Vorderpfoten unter die Jacke vom Papa gesteckt, und der Papa hat gesagt, mit diesem Viech macht man sich nur lächerlich. Seither war der Burschi nie mehr auf einer Jagd. Er schläft bei der Großmutter im Bett, und am Tag liegt er im Biedermeiersessel im Vorzimmer. Aber es geht abwärts mit ihm, weil er schon alt und kränklich wird. Man muß ihn recht schön bitten, damit er spazierengeht. Beim Essen muß man ihm auch recht schön zureden, damit er etwas zu sich nimmt. Nur wenn ihn der Papa im Auto mitnimmt, ausnahmsweise, dann freut er sich noch ein bißchen und stubst mit der Schnauze ans Fenster. Dann kurbelt der Papa die Scheibe herunter, und der Burschi hält seinen Kopf in den Wind, daß die Ohren flattern, und er hat die Augen zu und denkt sich etwas Schönes. Vielleicht, daß er fliegt.

Die Lisi hat fünf Großväter

Von ihrem Vater hat sie einen, aber von ihrer Mutter vier. Der erste ist schon gestorben, der zweite lebt in Linz, aber er ist ihr Stiefgroßvater, weil er der Stiefvater von ihrer Mutter war. Weil die Mutter von ihrer Mutter und vom anderen Stiefvater weggegeben worden ist, weil nämlich ihre Mutter nur das Kind von der Mutter war, aber nicht von ihrer Mutter ihrem Mann. Der dritte ist der Vater von ihrer Mutter, der hat sich in die Mutter von ihrer Mutter verliebt, wie der Mann von ihrer Mutter ihrer Mutter im Krieg war, und wie der Mann von ihrer Mutter ihrer Mutter aus dem Krieg zurückgekommen ist, hat er der Lisi ihre Mutter im Wickelpolster gesehen und gesagt, das Kind muß weg, dann bleibt er da. So ist der Lisi ihre Mutter zu Stiefeltern gekommen, und dort haben sie sie viel geschlagen, und jedes Jahr zu Weihnachten hat ihr die Stiefmutter die Puppe vier Wochen vorher weggenommen und sie ihr am Heiligen Abend wieder unter den Christbaum gesetzt, dazu ein Sackerl Erdnüsse. Dann ist der Lisi ihre Mutter draufgekommen, daß das nicht ihre richtigen Eltern sind, und mit sechzehn hat sie die richtige Mutter gefunden in Urfahr in einem Haus am Donauufer, und die Mutter hat sie im Stiegenhaus gleich erkannt wegen der Ähnlichkeit mit ihren voll ehelichen Töchtern und hat sie bei sich aufgenommen, und so hat die Mutter dort drei halbe Schwestern gehabt und ein richtiges Zuhause, bis der Stiefvater von seiner Reise zurückgekommen ist, und der Lisi ihre Mutter ist wieder zu den Stiefeltern gegangen. Auch, weil die Stiefmutter sehr geweint hat. Aber eines Tages hat die Stiefmutter das Küchenmesser geschliffen und gesagt, sie ersticht sie. Da ist der Lisi ihre Mutter geflüchtet zum Arbeitsdienst. Das war die schönste Zeit in ihrem Leben. Sie hat aus *Mein Kampf* abends vorlesen dürfen und edle Gedichte. Bis sie dann den arischen Nachweis gebraucht hat. Da hat sie sich die schmucke Arbeitsmaidentracht angezogen und ist nach Wien gefahren, damit sie die Papiere zusammenbekommt. Aber die alte Mutter von der Lisi ihrer Mutter ihrem richtigen Vater hat Esther Seligmann geheißen, und wie sie der Lisi ihre Mutter gesehen hat, hat sie geschrien: Gehen Sie, gehen Sie, mein Sohn hat keine Tochter! Da hat sich der Lisi ihre Mutter ein bißchen ausgekannt, und auf dem Reichssippenamt in Berlin haben sie ihr den Kopf abgemessen und von allen Seiten fotografiert, und in ihrem Abstammungsbescheid ist gestanden: Jüdischer Mischling mit einem volljüdischen Großelternteil. Aber weil sie so ein treuer Nazi war und viele treue Nazifreunde gehabt hat, ist ihr nichts passiert. Und nach dem Krieg hat sie den Herrn Leitner geheiratet, der auch ein treuer Nazi war, und sie haben sich recht gut verstanden. Aber das mit dem richtigen Vater hat ihr keine Ruhe gelassen, und sie hat ihn gefunden durch das Rote Kreuz und sich mit ihm getroffen. Mein Gott, die Hedwig, hat er immer wieder gesagt in Erinnerung an seine Geliebte, weil der Lisi ihre Mutter ihrer Mutter so ähnlich gesehen hat. Und er hat erzählt, daß seine Mutter in Theresienstadt vergast worden ist. Dieser Großvater besucht die Familie Leitner mehrere Male im Jahr. Er raucht und hustet viel und will sich immer ins Kaffeehaus am Hauptplatz setzen, aber er hat so eine auffallend lange Nase, und der Herr Leitner sagt, er soll zu Hause bleiben, es ist besser, wenn ihn niemand sieht, und zur Lisi ihrer Mutter sagt er, wahrscheinlich stammt sie gar nicht von ihm ab, sondern er hat vielleicht aus Mitleid mit der Lisi ihrer Mutter ihrer Mutter die Vaterschaft vor Gericht ausgesagt, damals. Deswegen hat die Frau Leitner noch einen möglichen vierten Vater oder Stiefvater, sie kennt sich schon selbst nicht mehr aus.

Emigration

Der Grosch Sepperl ist ein Problem. Man muß ihn nur anschauen, dann sieht man schon fast alles. Glaubst du, der bindet sich eine Krawatte um, zur Hochzeit seiner Schwester? Und in die Kirche geht er. Aber nicht, wenn die Messe gelesen wird, sondern am Nachmittag, wenn höchstens ein paar alte Weiber drin sitzen. Da setzt er sich hinein. Aber glaubst du, der betet? Er sitzt nur so und schaut auf den Altar. Eine gute Stunde lang. Und bekreuzigt sich nicht. Kniet nicht nieder vor dem Altar und dem Allerheiligsten. Setzt sich einfach in eine Bank und schaut. Was in ihm vorgeht, weiß keiner. Aber das ist nicht das eigentliche Problem. Ein jeder, wie er will. Ja, und mit dem Pfarrer redet er auch nicht. Der hat ihn nämlich schon ein paarmal gefragt, was er in der Kirche sucht. Meinen Gott, hat der Sepperl geantwortet, und: Ich will nicht reden.

Daheim redet er auch nicht. Sitzt in seinem Zimmer und malt. Immer das gleiche Bild. Bäume, dahinter die Sonne, dahinter das Meer. Oder ein großer See. Und das andere Bild, das er gemalt hat, zeigt einen Baum, und daneben eine Kapelle, und daneben ein Weg. Aber Kunst ist das nicht. Man muß sich schon sehr anstrengen, daß man erkennt, was er malt.

Die Eltern sind verzweifelt. Jetzt ist der Bub neunzehn und hat keinen Beruf. Das wirst du schon sehen, was deine Bilder wert sind, hat ihm der Vater gesagt. Lern endlich etwas Ordentliches! Lange machen wir das nicht mehr mit! Und die Mutter, wie sie dem Sepperl zuredet. Sepperl, sagt sie, wir meinen es dir ja nur gut.

Einmal hat er zu seiner Schwester gesagt, er malt ihr Porträt. Sepperl, du spinnst, hat sie ihm geantwortet. Aber dann hat sie nachgegeben und das schönste Kleid angezogen, und von der Großmutter ein Halsband, und sie ist eine volle Stunde gesessen, bis ihr der Rücken weh getan hat. Am nächsten Tag wieder. Und es war ja wirklich nicht schlecht, was der Sepperl fabriziert hat. Die Ähnlichkeit hat man erkennen können. Aber jeden Tag hat eine berufstätige Schwester eben nicht Zeit, und so ist das Bild liegengeblieben auf dem Dachboden, wo es der Sepperl hingelegt hat zum Trocknen. Er malt ja in Öl, und das dauert lange, bis es trocknet, und wer zahlt die Farben? Der Vater! Wie die Schwester dann wieder bereit war zum Sitzen, hat der Sepperl wörtlich gesagt: Leck mich am . . .!

Er war schon wieder bei seinen Bäumen und der Sonne und dem Meer.

Deshalb hat sich der Onkel aus Wilhering das Bild von der Nichte geholt, weil er die Nichte immer gern gehabt hat, und der Sepperl hat es lange nicht gewußt, daß sein Bild nicht mehr da ist. Und wie er es eines Tages sucht, findet er es natürlich nicht. Und die Schwester sagt ihm klipp und klar, sie hat es dem Onkel geschenkt. Da regt er sich auf: Das Bild gehört mir! Das Bild ist nicht fertig! Und so weiter.

Mein lieber Josef, hat der Vater gesagt, sei froh, daß der Onkel das Bild genommen hat, wenigstens hast du einem Menschen eine Freude bereitet mit deiner Kunst.

Der Onkel soll mir zweitausend Schilling geben für das Bild, sagt der Sepperl.

Mein lieber Josef, sagt der Vater, jetzt werde vernünftig! Der Onkel ist dein Onkel! Du wirst doch nicht von deinem Onkel verlangen, daß er dir etwas bezahlt, was du, weil du eben so bist, wie du bist, nicht einmal fertig gemacht hast. Du machst ja nie etwas fertig!

Aber der Sepperl hat, auf Vaters Kosten, den Onkel angerufen und ihn gebeten um die zweitausend Schilling.

Das ist aber viel, hat der Onkel gutmütig geantwortet, und der Sepperl sagt, ohne sich auch nur ein bißchen zu schämen: Dann gib mir halt einen Tausender.

Einen Tausender für ein Bild, das nicht einmal fertig ist? fragt der Onkel, und überhaupt, sagt er, deine Schwester hat es mir ja geschenkt!

Jetzt fällt der Sepperl über seine Schwester her. Wie sie etwas herschenken kann, was ihm gehört.

Aber ich bin doch zwei Stunden lang auf dem harten Sessel gesessen, daß mir das ganze Kreuz noch heute weh tut, sagt die Schwester.

Und die Mutter, der Vater und die Schwester und sogar der jüngere Bruder fallen über den Sepperl her: Wie kannst du dem Onkel das antun? Wie stehen wir denn da, wenn du dich so benimmst?!

Der Onkel muß das Bild zahlen oder zurückgeben, sagt der Sepperl.

Also gut, hat der Onkel am Telefon zu seinem Bruder, dem Sepperl seinem armen Vater, gesagt. Ich gebe das Bild zurück, aber es hat schon einen schönen Rahmen, und wenn der Sepperl das Bild zurückhaben will, dann muß er mir den Rahmen zahlen.

So ist das Bild beim Onkel geblieben, weil der Sepperl einsehen hat müssen, er kann jetzt nicht zu seinem Vater gehen und ihn um einen Fünfhunderter bitten für den Rahmen. Und diese peinliche Geschichte vergißt man nicht so schnell, und der

Vater ist ins Zimmer vom Sepperl und hat das Fenster aufgemacht und alles, was da herumgestanden ist an sogenannten Kunstwerken, und die Pinsel und die Terpentinflaschen und die schmutzigen Leinenfetzen, das hat er auf die Straße geworfen, daß es alle Leute, die vorbeigegangen sind, sehen haben können, und dann hat er der Mutter gesagt, sie soll dem Sepperl mitteilen, es ist ein für allemal Schluß mit dem Firlefanz, und der Sepperl soll das Haus verlassen und sehen, wie er weiterkommt. Der Sepperl ist gegangen, aber das Zeug auf der Straße hat er liegengelassen. Irgendwie muß er mit jemandem per Autostopp nach Linz gefahren sein. Und dort verliert sich jede Spur.

Möglich, daß der Sepperl jetzt irgendwo verkommt in sogenannten Künstlerkreisen, vielleicht in Wien. Es gibt Gerüchte, daß er auf der Straße steht, an der Wiener Opernkreuzung, und Zeitungen verkauft.

So weit kann einer herunterkommen, der nach der Matura seinem Vater ein Jahr lang auf der Tasche gelegen ist, weil er geglaubt hat, er wird ein Künstler.

Der Vater hat ein für allemal festgelegt, daß der Name Sepperl in der Familie nicht mehr fallen darf. Er existiert nicht mehr, hat er gesagt, weder für mich noch für euch, und wir müssen uns eben damit abfinden, daß sich die Spreu vom Weizen sondert, und wenn man gewußt hätte, was man da großzieht, dann muß man manchmal wirklich denken, es wäre besser, keine Kinder in die Welt zu setzen.

Liebes Tagebuch

Heute, am 21. September 1964, habe ich Dich gekauft, und ich hoffe, es wird nie jemand lesen, was ich Dir anvertraue! Gerade ist meine blöde Mutter hereingekommen und hat gefragt, wann ich ins Bett gehe. Ich habe schnell das Lateinbuch über Dich gelegt, sonst will sie wieder wissen, was ich mache, und es ödet mich einfach an, dauernd kontrolliert zu werden. Du mußt entschuldigen, wenn ich so ordinär über meine Mutter schreibe, aber es ist einfach die Wahrheit. Sie versteht mich überhaupt nicht, und mein Vater sowieso nicht, der sagt immer nur: Mit Ehrgeiz kommt man voran, oder ich soll Sport betreiben. Und wenn ich etwas erzähle, dann fragen sie immer gleich, wer seine Eltern sind, und jedesmal fragt er mich, wie alt ich bin, und wenn ich sage fünfzehn, dann sagt er: So jung! Wie wenn ich etwas dafür könnte, daß sie mich so spät gezeugt haben. Außerdem sehe ich aus wie achtzehn, das sagen alle. Und Smolka Rudi hat mir „Ulysses" geborgt von James Joyce. Das ist ein Buch, da sind oft keine Beistriche drin und keine Punkte. Ich habe es ihm zurückgegeben und ehrlich gesagt, daß ich es nicht verstehe. Da hat Smolka Rudi sich herabgelassen zu einer Bemerkung, meine Intelligenz betreffend. Und zwar positiv, leider weiß ich sie nicht mehr. Jetzt ist es schon dreiviertel elf, und ich erzähle über Smolka Rudi! Anstatt endlich das auszusprechen, was mich bewegt. Aber dazu müßte ich ganz von vorne anfangen. Nur so viel: Ich habe geliebt, und habe eine bittere Enttäuschung erlebt. Morgen muß ich mit meinem Vater nach Linz fahren, wegen der Lodenmäntel. Aber übermorgen werde ich Zeit haben, mir das Herz auszuschütten. Ich denke immer nur: Trug, Trug, alles ist Trug.

Freistadt, am 22. September 1964

In genau zwei Monaten wird es genau ein Jahr, daß John F. Kennedy erschossen wurde. Daran muß ich an jedem 22. in jedem Monat denken. Das ist komisch. Weil ich es noch immer nicht glauben kann und so viel geweint habe beim Begräbnis im Fernsehen. Was ist da schon mein Schmerz um Lothar dagegen? Obwohl, ich habe mir vorgestellt, daß wir ein Paar sein könnten wie Kennedy und Jacqueline. Ich sehe ihr nämlich sogar ähnlich, und sie war Fotojournalistin, und das ist genau mein Traum. Wie das so ist mit dem Papa, sind wir natürlich heute nicht nach Linz gefahren, weil er es sich wieder überlegt hat. Und die Mutti sagt natürlich wieder, wir brauchen keine neuen Lodenmäntel, es ist nur Verschwendung. Aber jetzt zu Lothar. Er ist sehr groß, größer als alle anderen, und er hat eine Brille, aber die macht ihn interessant, und die Haare fallen ihm ganz tief in die Stirn. Jetzt hat er sie übrigens geschnitten, und er gefällt mir überhaupt nicht mehr. Aber er geht wirklich mit Susi, und heute habe ich die zwei beim Lichtenauer getroffen, das war mir furchtbar peinlich. Sie haben gelacht, und ich bin nach einer heißen Schokolade gleich nach Hause gegangen. Lothar hat den Schlagobers heruntergegessen, weil er sauer war. Und die Susi ist wirklich hübsch. Aber eines Tages wird sich alles wenden! Ich muß jetzt das Geschirr abwaschen, weil meine Schwestern mit dem Hund spazierengegangen sind.

23. 9.

In Naturgeschichte haben wir einen neuen Professor. Er heißt Vlay und ist sehr nett, glaube ich. Mich hat er zweimal nach meinem Namen gefragt, und ich glaube, er kann mich gut leiden. Übrigens kann mich auch Giselher sehr gut leiden. Er fährt morgen nach Wien, und er hat gefragt, ob ich ihm schreibe, wenn er mir schreibt. So bekomme ich wenigstens Briefe. Schade, daß er so klein ist. Und seine Ohren stehen weg, da leuchtet die Sonne durch. Er ist sehr nett, aber wahrscheinlich wird er nie ein Mädchen bekommen. Und über Lothar bin ich hinweg. Ich glaube, er hat es nie ernst gemeint. Wenn das genügt, daß Susi ihm sagt, es tut ihr leid, daß sie ihn vorigen Sommer nicht erhört hat, und wenn er dann gleich mit ihr geht und ihr sagt, zwischen ihm und mir war es nur Kinderei. Dabei habe ich ihm erlaubt, daß er seine Hände unter meinen Pullover steckt. Hoffentlich erzählt er es nicht herum, sonst stehe ich bald da wie die Frühwirth-Ansch. Die hat übrigens beim Lichtenauer gesagt, ich bin dumm. Aber Giselher und Susi haben mich verteidigt, angeblich. Eigentlich finde ich Alexander sehr nett. Er ist fast so groß wie Lothar und hat Grübchen, wenn er lacht. Leider ist er sehr gut mit Smolka Rudi befreundet, und der ist ein Weiberfeind. Jedenfalls bin ich jetzt froh, daß ich Alexander damals nach dem Stiftungsfest eine Ohrfeige gegeben habe. Da wollte er mich nämlich küssen, und ich habe energisch und elegant zugeschlagen. Fast wie im Film, wenn wir nicht so eng im Kombibus gesessen wären. Die glauben, sie können mit uns schmusen, nur weil man zufällig neben ihnen sitzt! Jetzt ist meine Mutter gekommen und hat mich gefragt, wann ich endlich das Geschirr abwasche.

26. 9.

Nach der Schule bin ich schnell heimgelaufen, weil es so kalt war und weil ... Aber kein Brief von Giselher. Ist mir auch völlig egal. Susi hat mir übrigens erzählt, daß sie ungefähr zwanzig Liebesbriefe von ihm hat, mit Zeichnungen. Er macht so Figuren mit Sprechblasen, und darin drückt er aus, was er ihr sagen will. Bin gespannt, ob er mir auch solche Kunstwerke schickt. Gestern war ich fast ein bißchen traurig. Ich durfte ausnahmsweise ins Kino gehen, weil ich gesagt habe, es ist ein historisch bildender Film (Ben Hur), und nach dem Kino habe ich mich von Alexander verabschiedet. Er sagte: Bleib brav und lern fleißig! Ob ich ihn erobern könnte? Falls ich in nächster Zeit nach Wien fahre zur goldenen Hochzeit von der Tante Mia werde ich *ihn* besuchen und nicht Lothar. Der ist gestern schon am Vormittag abgereist, wie mir Susi gesagt hat. Er hat ihr übrigens mit seiner Zigarette eine Wunde in den Unterarm gebrannt, damit sie sich an ihn erinnert. Sie zeigt die Wunde dauernd her und kommt sich interessant vor. Morgen haben wir wieder Naturgeschichte. Jetzt muß ich mit dem Hund spazierengehen, weil meine Schwestern das Geschirr abwaschen.

30. 9.

Heute erst um zehn Uhr Schule gehabt. Sehr angenehm! Um neun war ich auf der Post, aber kein Brief. Ich glaube, er hat das nur gesagt, damit Susi eifersüchtig wird. In der Pause war ich heute in Susis Klasse. Eder Wolfgang und Tomek Ludwig grüßten mich! Ohlala! Susi hat sich die Haare rötlich gefärbt, aber sie streitet es ab. Sie sagt, sie sind einfach nach dem Waschen plötzlich so geworden. In Latein hat sie ihren ersten Fleck gefangen. Ich gönne es ihr nicht, aber irgendwie ist es ein kleiner Trost. Eder Wolfgang und Tomek Ludwig stehen auf sie. Überhaupt steht fast die ganze Klasse auf Susi. Sie hat so etwas, das kann man nicht beschreiben. Die anderen Mädchen in ihrer Klasse sind alle häßlich. Vielleicht ist es das. Ich werde mich jedenfalls bemühen, etwas schlanker zu werden. Leider gibt es in meiner Klasse keine diskutablen Männer. Sie sind viel zu kindisch. Nur Horwitz würde mir gefallen. Er ist aus Gmunden und zweimal sitzengeblieben. Er hat einen Kußmund. Aber ich würde nie mit einem aus meiner Klasse schmusen. Jetzt war gerade wieder meine Mutter herinnen, und zum Glück war der Atlas aufgeschlagen. Gleich muß ich mit dem Hund gehen. Nur noch so viel: Lothar war der einzige

Mann, mit dem ich in diesem Jahr geschmust habe. Und zwar zu Silvester. Dann einmal im Schwimmbad, wie wir auf Susi gewartet haben, hinter der Kabine. Und sonst habe ich heuer mit niemandem geschmust. Alexander! Vielleicht war die Ohrfeige im Bus etwas voreilig! Aber noch ist ja nicht alles verloren. Das blöde Viech bellt schon draußen.

4. Oktober 1964

Dieser Vlay hat so einen merkwürdigen Blick. Und ich habe heute meinen ersten Fleck in Naturgeschichte bekommen. Das fängt ja gut an. Aber es berührt mich nicht. Nämlich: große Neuigkeit, liebes, liebstes Tagebuch! Alexander ist in Freistadt! Und zwar liegt er im Spital!!! Und muß mindestens sechs Wochen drinbleiben!!! Ich könnte ihn also jeden Tag besuchen. Aber ich werde es nicht tun. Man muß sich rar machen, sagt meine Mutter immer. Ich habe ihr von meiner neuen großen Liebe erzählt, und Alexander hat nur eine Großmutter und keine Eltern, und da können meine Eltern nichts kritisieren. Smolka Rudi, den ich beim Linzertor traf, als ich von der Schule heimging, hat es mir erzählt. Eine Nierenbeckenentzündung. Da darf er kein Bier trinken und muß sich überhaupt sehr schonen. Ich werde ihm das Buch „Heiterkeit kennt keine Grenzen" hinaustragen, und dann bleibe ich zwei Wochen fern. Wenn ich dann wieder hinausgehe, wird er sich um so mehr freuen. Dann bleibe ich wieder zwei Wochen fern, und er sehnt sich nach mir, und dann werde ich ganz diplomatisch an die Sache herangehen. Smolka Rudi hat ihm „Ulysses" hinausgetragen und „Das Jahrhundert der Chirurgen". Obst darf er essen. Jetzt muß ich leider strebern. In Mathematik haben wir wieder den Hardtmann, der wieder nicht in Pension gegangen ist. Schule, ich hasse Dich! Alexander, ich l . . .!!!

5. Oktober 1964

Ich sitze in der Küche und habe das ganze Geschirr abgewaschen. Heute war ich bei IHM! Jetzt ist es acht Uhr. Was machst DU jetzt? Als ich hinauskam, waren schon Smolka Rudi und Susi bei DIR. Aber DU hast einigemale kurz hergeschaut, während DU mit Susi sprachst ... Susi hatte drei rote Rosen im Korb. Ich nahm sie heraus und gab sie DIR in die Hand ... Ich ließ nicht gleich aus, da spürte ich DEINE Finger! Wenn ich nächstesmal hinausgehe, bringe ich ihm einen Fruchtsalat. Oder etwas Ähnliches. Ich werde aber Zeit verstreichen lassen. To know, know, know you, is to love, love, love you ...

8. Oktober 1964

Am Nachmittag kaufte ich schöne Weintrauben in Linz. Wir haben jede einen grünen Lodenmantel bekommen. Auch eine Birne und einen Apfel habe ich gekauft und alles Alexander hinausgetragen. Seine Großmutter und Smolka Rudi waren draußen. Die Großmutter hat gar nichts geredet, und Smolka Rudi hat so zynisch gegrinst. Also habe ich nicht viel davon gehabt. Ich blieb nur ein paar Minuten. Auch „Heiterkeit kennt keine Grenzen" habe ich ihm gegeben.

9. Oktober

Mein liebes, liebes Tagebuch! Seit ich Dir alles über Alexander anvertraue, habe ich Dich noch viel lieber! True love is worth all the heartaches and pains, singt jemand im Radio, und er hat recht. Obwohl ich lieber keine heartaches hätte. Susi war heute bei DIR draußen. Sie hat erzählt, daß „Heiterkeit kennt keine Grenzen" ganz oben auf dem Nachtkastel gelegen ist. Von Giselher kam übrigens heute ein Brief, aber ohne Zeichnungen. Ich schreibe ihn hier ab:

Wien, 7. Oktober 1964

Liebe Lisi,

Du wirst Dich fragen, warum ich mich so spät entschließe, Dir dennoch zu schreiben. Nun, es bedürfte einer langen Erklärung, weshalb ich so lange zögerte. Vor einiger Zeit nämlich gab es in unserem Freundeskreis ein Mädchen, das Briefe erhielt von jemandem, den ich namentlich nicht erwähnen möchte. Aber vielleicht errätst Du „ihn" und „sie" bereits. Ihr seid ja sogar befreundet. Dennoch will ich es wagen, Dir zu schreiben. Obwohl jener Freund mich dringend warnte, keine Briefe mehr nach Freistadt zu schreiben. Es ist doch irgendwie unangenehm, wenn man einen Brief schreibt, und man weiß, daß dieser Brief auch von solchen gelesen wird, für die er nicht bestimmt ist. Man muß sich jedes Wort genau überlegen, da ja ein Brief etwas Geschriebenes ist. Immer muß man dann überlegen, wer könnte den Brief lesen, und darauf muß man ihn abstimmen. Es ist beinahe so, als ob man ein Rundschreiben oder einen Artikel für eine Zeitung verfaßt. Das soll aber nicht der Sinn sein, daß ich Dir schreibe. Wie schon gesagt, es ist ein Unterschied, ob man den Brief an eine bestimmte Person oder ob man eine Mitteilung für eine Gruppe schreibt. Ein Gespräch unter vier Augen ist mehr oder minder ungefährlich. Etwas, was man schreibt, ist verewigt. Würdest du meine Bitte in diesem Sinn berücksichtigen?

Ich sitze hier in meinem Zimmer und bereite mich aufs Philosophikum vor. In Wien ist es bereits recht herbstlich. Du wirst sicher gehört haben, daß Alexander mit einer Nierenbeckenentzündung in Freistadt im Spital liegt. Bitte grüße ihn sehr herzlich von mir. Du kannst ja sagen, ich hätte Dir eine Karte geschrieben. Bitte grüße auch Rudi und alle anderen sehr herzlich von mir. Ich werde doch noch bis Ende dieses Semesters in meinem Zimmer bleiben, weil man beim Suchen einer besseren Unterkunft ja doch meist nur vom Regen in die Traufe kommt. Wenn Du mir schreiben willst, gebe ich Dir hier meine Adresse, falls Du das Kuvert verlierst: Giselher Preinfalk, Margaretenstraße 52, Wien IV. (4. Bezirk). Es ist immer schön, Post zu bekommen, besonders, wenn man alleine lebt. Bitte grüße auch Deine kleinen Schwestern sehr herzlich von mir, sowie Deine Eltern.

Herzliche Grüße,
Dein
Giselher

P. S. Ich habe leider vergessen, die Fotos vom Stiftungsfest entwickeln zu lassen. Da ich die Negative nicht gern aus der Hand gebe, möchte ich Dich bitten zu warten, bis ich wieder nach Freistadt komme. Nochmals sehr herzliche Grüße!"

Ich habe den Brief Susi gezeigt. Sie hat gesagt, der Giselher ist ein gebranntes Kind. Ich überlege, ob ich ihn in die Schule mitnehmen soll. In meiner Klasse bekommt nur Putschlögl Grete Briefe von einem Mann, und sie läßt sie immer so auffällig neben den Heften liegen, und in der Pause liest sie Stellen daraus vor. Ich werde den Brief auf jeden Fall in der Naturgeschichtsstunde aus dem Buch fallen lassen. Prof. Vlay hat ein Kinn wie Kirk Douglas. Aber leider ist er verheiratet, und angeblich hat seine Frau fünf Kinder. Außerdem ... I love YOU and nobody else! Auf dem Heimweg vom Spital habe ich Grosch Sepperl getroffen. Er hat mir die Hand gegeben und mich bis zum Luger-Eck begleitet. Er hat mich gefragt, ob ich weiß, daß er wahrscheinlich nach Italien gehen wird, wegen der guten Kunstakademien, die es dort gibt. Er ist ein richtiger Spinner und redet immer so leise, daß man ihn nicht versteht. Er hat mich noch ein paar andere Sachen gefragt, aber es war mir zu blöd, daß ich immer frage: Was?

10. Oktober

Heute war ich – leider! ich bin so willensschwach! – wieder bei Alexander. Smolka Rudi und Dornhofer Joe waren draußen. Sie haben die ganze Zeit geblödelt. Ich habe Alexander gefragt, wie ihm „Heiterkeit kennt keine Grenzen" gefällt. Er hat gesagt, das Buch ist eine gute Schreibunterlage. Heimbegleitet hat mich niemand, obwohl ich länger geblieben bin, weil Smolka Rudi gesagt hat, er muß bald gehen. Jetzt muß ich noch die Deutsch-Hausübung machen. „Wie kann ich im Umkreis meines Lebens Toleranz üben?" Und dann natürlich das Geschirr abwaschen. Ich schwöre mir, wenn ich einmal verheiratet bin, falls ich überhaupt heiraten sollte – denn wenn ich Alexander nicht erobern kann, will ich ledig bleiben –, werden wir immer im Gasthaus essen. Als Fotojournalistin verdient man genug. Man kann sich auch eine Wirtschafterin halten. Ich bin nämlich für die Gleichberechtigung. In Paris gibt es ein Ehepaar, die sind gar nicht verheiratet, aber sie sind Mann und Frau. Nämlich Jean-Paul Sartre und seine Geliebte. Sie heißt Simone de Beauvoir. Und sie schreibt auch. Die gehen sicher ins Restaurant oder sie waschen miteinander ab. Vielleicht schreibe ich heute noch an Giselher. Meine Mutter klopft jetzt immer an, bevor sie ins Zimmer kommt, weil ich sie darum gebeten habe, und das finde ich toll. Ich habe sie auch gebeten, daß sie mich Elisabeth nennt, und sie tut es wirklich. Nur der Papa bleibt bei Lisi. Ich werde auch Giselher bitten, daß er mich in Zukunft Elisabeth nennt. Er paßt viel besser zu ...!

22. November 1964

Heute vor genau einem Jahr ist der Präsident der Vereinigten Staaten, John Fitzgerald Kennedy, ermordet worden. Es ist jetzt genau zwanzig Minuten nach neun. Ich sitze in der Küche und habe das Geschirr abgewaschen. Vor genau einem Jahr um fast genau diese Zeit wurde das Fernsehprogramm unterbrochen mit der Nachricht, daß in Dallas der Todesschuß gefallen ist. Susi und ich waren ganz verblüfft. Wir mußten alle zwei lachen. Es war so merkwürdig! Dann sind wir gesessen und haben uns aneinandergeschmiegt und gesagt, wie furchtbar diese Nachricht ist für die ganze freie Welt. Und wir konnten nicht weinen. Übrigens habe ich heute nacht von Alexander geträumt, aber in Schwarzweiß. Der ganze Traum handelte von nichts. Es war nur sein Gesicht vor mir, wie auf einem Plakat, wo man die dunklen und hellen Punkte sieht, ganz vergrößert wie von einem Zeitungsfoto. Ich wollte das Gesicht angreifen, aber da wachte ich auf. Vielleicht habe ich das geträumt, weil ich gestern nachmittag allein in Sankt Peter war. Ich habe in der Kirche ein bißchen gebetet, dann habe ich aus dem Besucherbuch die Stelle herausgerissen, wo wir uns im Sommer alle hineingeschrieben haben: Alexander, Smolka, Giselher, Lothar, Susi und ich. Auch Grosch Sepperl, den wir damals oben mit seinem Zeichenblock trafen, hat sich dazugeschrieben, aber er gehört nicht zu uns, und ihn habe ich drinnengelassen. Eigentlich wollte ich Susi und Lothar auch drinnenlassen, aber da hätte ich einzelne Streifen herausreißen müssen. Neben dem Namen von Alexander hat jemand mit Bleistift dazugeschrieben: „Alex, du armer Kerl!" So eine Gemeinheit. Weil ich nämlich direkt unter Alexander stehe. Die Schrift erinnert mich an Professor Hardtmann. Aber er kann es nicht gewesen sein. Ich habe eher den Verdacht, daß es Smolka war. Smolka sagt oft „Alex" zu Alexander. Übrigens hat Giselher wieder geschrieben. Er schreibt, ich hätte seinen Brief überall herumgezeigt und das habe ihn schwer enttäuscht. Dabei habe ich ihn nur im Spital mitgehabt, und weil Smolka gefragt hat, was es bei mir Neues gibt, habe ich den Brief nur kurz geöffnet und dann wieder versteckt. Vielleicht glaubt Alexander jetzt, ich gehe mit Giselher? Ich bin ein blödes Rindvieh! Alexander ist übrigens schon längere Zeit aus dem Spital. Er fährt aber nicht nach Wien, sondern sitzt im Schlafrock am Fenster. Die Großmutter ist immer dabei, wenn ich mit Susi zufällig an seinem Haus vorübergehe. Entweder hat sie im Garten etwas zu tun oder sie steht direkt neben ihm im Zimmer. Auf der linken Wange hat er beim Lachen ein Grübchen. Und vorige Woche hat meine Mutter gesagt, ein großer, dunkler, sehr hübscher, aber krank aussehender junger Mann sei auf der Straße gewesen und habe sie sehr freundlich gegrüßt. Ob das Alexander war? Jetzt liege ich im Bett und höre Radio Luxembourg. Alexander – Alexander – – –??? Susis Tante ist am 13. November gestorben. Ich habe sie nie leiden können, aber als ich hörte, daß sie tot ist, mochte ich sie sehr gern. Wir sind hinausgegangen in die Johanneskapelle, und ich habe in den Sarg hineingeschaut durch das Glasfenster. Ihr Gesicht war gelblich und hart und ganz verändert. Aus dem Mund sind rechts und links violette Streifen gekommen. Sie war 36. Wie viele Kinder werde ich mit IHM haben, wenn ich einmal so alt bin? Ich glaube, ich möchte mit dreißig sterben. Bald werde ich sechzehn. Und mit siebzehn beginnt das Leben ... Wer wird der Erste sein? Schade, daß ich mit Lothar und einmal mit Kaufold Toni geschmust habe. Ich würde meine Lippen gern rein und unberührt anbieten, wenn DER AUGENBLICK kommt. An meine

Kusine in Wien habe ich heute geschrieben, daß ich leider nicht zur Geburtstagsfeier fahren darf. Schade! Ich würde so gern einmal Wien kennenlernen! Ich habe ihr von Alexander erzählt, aber so, wie wenn er mein Freund wäre. Im Sinne von ...! Und als Absender habe ich geschrieben: Elisabeth Huemer, geborene Leitner. So kindisch bin ich. Mr. and Mrs. Alexander Huemer have the honor of inviting you to ... Frau Scholz ist auch gestorben. Mutti muß sich jetzt eine neue Schneiderin suchen. Und ich auch. Leider! Sie war so einfallsreich! Eine Nierenzyste. Meine Eltern sagen, das liegt in der Familie. Übrigens habe ich heute wieder Grosch Sepperl getroffen, in der Linzergasse. Er hat mich wieder begleitet, aber nichts geredet. Jetzt muß ich Physik lernen. Auf „Wie kann ich im Umkreis meines Lebens Toleranz üben?“ habe ich ein Sehr Gut bekommen. In Latein zweimal Fleck. In Englisch Gut.

24. November

Prof. Vlay ist ein Trottel. Hardtmann sowieso. Die anderen Professoren auch, außer in Musik. Heute schaute ich in den Pausen immer zum Fenster hinaus. Es schneit schon tüchtig. Und auf einmal kam ein ziemlich großer Mann auf der anderen Straßenseite daher. Wollhaube, Schal, Winterhose, Pelzschuhe. Er schaute öfters auf seine Armbanduhr. Alexander!!! Er ging aber ziemlich schnell und schaute nicht herüber. Jedenfalls: Ich habe ihn gesehen, wenn auch nur aus der Ferne. Wegen der blöden Schule habe ich nämlich Hausarrest.

30. November

Es tut sich einfach überhaupt nichts. Und es ereignet sich einfach nichts, obwohl man sich die größte Mühe gibt. Gestern war „Mondo Cane“. Ich habe mich neben Alexander gesetzt, damit wir vielleicht mit den Ellbogen wenigstens anstoßen. Und gleichzeitig habe ich verliebt auf Smolka Rudi geschaut und zu Giselher. Der ist nämlich wieder da. Der Film war teils gut, teils schlecht. Ich meine: erschütternd. Wenn irgendein grausames Bild gezeigt wurde, dann lachte Giselher ganz blöd. Und Smolka auch. Aber Alexander lachte nie. Das finde ich so schön an ihm. Er ist einfach vollkommen. Nach der Vorstellung ging ich sofort nach Hause, damit Alexander mich ein bißchen vermißt ... vielleicht ... Smolka ist ein böser Geist, das spüre ich. Er führt immer Gespräche mit Alexander, über Literatur. Und wenn ich etwas frage, lacht er nur. Einmal hat er gesagt, Mädchen sind keine vollwertigen Menschen. Das hat mir Susi erzählt. Ich glaube, er kann Alexander verderben. Wie könnte ich Alexander darauf aufmerksam machen, daß ich intelligent bin und bildungsfähig? Ich glaube, ich wäre eine ideale Partnerin für ihn, weil ich immer am meisten über seine Witze lache. Alexanders Witze sind wirklich unheimlich gut. Er macht zwar Witze über die Mädchen, besonders über Susi und mich, aber sie sind *so* lustig, daß man selbst lachen muß. Überhaupt lache ich immer, wenn jemand über mich einen Witz macht. Weil ich nämlich Humor habe! Aber das glauben sie nicht. Sie glauben, man ist dumm. Es ist schade, daß die Deutsch-Aufsätze, die man so im Laufe seines Lebens schreibt, nicht veröffentlicht werden. Übrigens, wenn Alexander nicht da ist und Smolka etwas über ihn erzählt, schaut er dabei oft zu mir her. Das ist Susi auch aufgefallen. Ich mag Susi jetzt wieder sehr gern. Lothar hat schon lange Zeit nicht geschrieben, und sie sagt, er ist ein Filou.

4. Dezember

Gestern ist etwas Schreckliches passiert. Den ganzen Tag heute habe ich darüber nachgedacht, wie es kommen konnte. Ich bin sehr, sehr schlecht. Und es gibt keine Entschuldigung, das weiß ich. Smolka holte mich zum Spazierengehen ab. Ich war entsprechend überrascht. Er brachte zuallererst eigentlich nur ein Buch. „Das Spiel ist aus“ von Sartre. Es ist eigentlich ein Film. Smolka sagte, es würde mich vielleicht interessieren. Dann sagte meine Mutter, jemand muß unbedingt mit dem Hund gehen. Also habe ich ihn an die Leine genommen, und Smolka Rudi begleitete mich. Wir gingen den Sankt-Peter-Weg hinauf. Natürlich sprach er von Alexander. Er sagte, Alexander habe gesagt, wenn er sich meine Nase und meinen Mund ansähe, würde er sich in mich verlieben. Aber weil ich jedem, der mich anlächelt, gleich schöne Augen mache, könne er mich nicht ernst nehmen. Das war bei der dritten Kapelle. Wir setzten uns auf die Bank. Ich war furchtbar aufgeregt innerlich. Und ich hätte gern mehr gefragt. Da packte S. R. plötzlich meine Schultern und riß mich an sich. Er roch so merkwürdig, irgendwie nach Brot. Er preßte mein Gesicht an seins und seinen Mund auf meinen. Ich öffnete meine Lippen. S. R. nahm die Gelegenheit wahr und küßte mich. Es war ein relativ kurzer Kuß. So zwei, drei Sekunden. Was aber dann kam, war meine eigene Schuld. Seine Lippen wanderten nämlich über meinen Hals, und da ließ ich die Hundeleine fallen und gab mich hin. Ich weiß nicht, warum ich das tat. Ich liebe doch Alexander. Was ich für S. R. empfinde, ist höchstens sinnliches Interesse. Er saugte wieder an meinen Lippen und so weiter. Ich war im Kopf ganz leer. Sonst hätte ich ihn früher weggestoßen. Aber als er seine Lippen wieder so fordernd auf die meinen drückte, gab ich wieder nach und öffnete meinen Mund ganz. Vor dem Haustor habe ich mich noch frisieren müssen. Es ist ein Glück, daß Hunde nicht reden können.

24. Dezember

Möglicherweise falle ich heuer durch, aber heute ist Heiliger Abend, und ich will meine Gedanken und all meine Gefühle sammeln. Es ist ganz still im Haus. In wenigen Minuten wird meine Mutter mit dem Glöckchen läuten, dann stürmen meine kleinen Schwestern ins Zimmer vor den Lichterbaum und freuen sich über ihre Geschenke. In meinem Herzen ist alles ausgebrannt und leer. Ich habe keinen Wunsch. Ich meine, was ich mir wünsche, kann man mir nicht unter den Christbaum legen. Ich weiß nicht, ob es überhaupt noch einen Sinn hat, dieses Tagebuch zu führen. Zu vieles ist geschehen, was ich niemals aussprechen werde können. Alexander, warum hast Du mir nie Deine heilige Liebe geschenkt? Ich habe das Höchste verloren, was ein Mädchen zu verlieren hat. Und ich habe es verloren, nicht verschenkt. Es ist mir geraubt worden. S. R. tut seither, als wäre nie etwas gewesen. Ich habe überlegt, ob ich es Susi anvertrauen soll, aber ich glaube, sie würde mich verachten. Lothar hat ihr übrigens wieder geschrieben. Meine Großmutter muß zum Augenarzt, sie hat grauen Star. Giselher hat mir einen Liebesbrief geschrieben. Ich lege ihn hier ein, auch wenn er mir jetzt nichts bedeuten kann, weil dieser arme Jüngling nicht weiß, an *wen* er da schreibt.

„Liebe Elisabeth,

herzlichen Dank für Deine Karte. Ich habe mich wirklich sehr gefreut, da ich keine Post von Dir erwartet habe. Du kannst Dir also vorstellen, wie sehr ich mich um so mehr gefreut habe. Ich dachte schon, Du wärst bös auf mich, weil Du meinen letzten Brief nicht beantwortet hast. Dann dachte ich, Du bist vielleicht krank geworden. Wie ich aus Deiner Karte entnehme, ist Gott sei Dank keines von beiden zutreffend. Ich muß mich bei Dir jetzt nachträglich nochmals entschuldigen, daß ich Dich zur Geburtstagsfeier von Alexander mitgeschleppt habe. Rudi bestand darauf, daß Du mitkommen solltest, und Du weißt ja, wie er ist, wenn er seinen Kopf durchsetzen will. Vor allem aber ist er Alexanders bester Freund, und ich dachte, daß auch Du ja wirklich zu unserem

Freundeskreis gehörst, und so habe ich Deine Schwips-Stimmung ausgenützt und Dich überredet. Du mußt ja die Schuhe ganz durchweicht gehabt haben. Meine waren es auch, wie ich leider erst am nächsten Tag bemerkte. Deswegen hatte ich fürchterlichen Krach mit meiner Mutter. Auch weil ich so spät heimgekommen bin. Ich glaubte, bei Alexander wird es noch recht nett werden. Daß Alexander sich verirrt hat im Schneegestöber und erst um sieben Uhr heimkam, konnte ich leider nicht wissen. Ich wollte halt, um ganz offen und ehrlich zu sein, noch länger mit Dir zusammenbleiben. Daß Rudi dann Alexanders Abwesenheit ausnützte, um Dich in so gehässiger Weise zu sekkieren, tat mir sehr leid. Aber es ist schwer, in Gegenwart von Männern eine Frau zu verteidigen. Wenn wir nur zu dritt gewesen wären, hätte ich Dir ganz bestimmt geholfen. Denn ich habe Dich nämlich sehr gern. Das habe ich Dir mündlich geschworen, und Du hast gesagt, es gibt keinen ausreichenden Grund für einen Schwur. Ich habe Dir mein Ehrenwort gegeben diesbezüglich, und Du hast wieder gesagt, es gibt keinen ausreichenden Grund. Das hat mich schwer enttäuscht. Manchmal habe ich das so zweifelhafte und unangenehme Gefühl, Du führst mich an der Nase herum. Ich hoffe allerdings, daß es nicht wahr ist. Nur kann ich mir dann vieles nicht erklären. Ich hoffe, daß Du nicht so sadistisch bist und Dich über mein Leid freust. Es wäre schön, wenn ich von Dir Klarheit über diese Sorge bekäme. Wie gesagt, es hat mich sehr gefreut, daß Du mir die Karte geschrieben hast. Du hast jedoch an dem Abend bei Alexander, das heißt, eigentlich bei seiner Großmutter, gesagt, Du glaubst keinem Menschen mehr. Von diesem Standpunkt bist Du bis zum Schluß nicht abgewichen. Du hast aber wirklich keinen Grund, mir nicht zu glauben. Es war für mich schwer, die richtigen Worte zu finden für das, was ich Dir sagen wollte. Wenn ich nicht überzeugend genug gesprochen habe, so liegt es sicher daran, daß ich in solchen Dingen nicht so erfahren bin wie andere. Aber ich habe es wirklich ernst und ehrlich gemeint."

Und so weiter und so weiter. Giselher kann ich niemals lieben. Er ist viel zu gutmütig. R. S. ist ein Teufel. Mit ihm werde ich niemals mehr ein Wort sprechen. Alexander hat Susi aus Wien einen Brief geschrieben. Ich habe sie nicht gefragt, was er ihr schreibt, weil es sicher nicht über mich ist, und wenn, dann kann es nichts Gutes sein. Susi hat alles noch vor sich. Wenn sie sich beklagt über ihre großen, häßlichen Hände, dann möchte ich ihr am liebsten meine zarten kleinen Hände auf den Tisch legen und sagen: Hack sie mir ab, sie haben mich ins Verderben gestürzt, weil sie für S. R. zu schwach waren.

Jetzt hat Mutter mit dem Glöckchen geläutet.

Ich werde Dich, mein Tagebuch, erst wieder benützen, wenn sich das Unglaubliche vielleicht doch noch ereignet. Heute nacht in der Christmette werde ich zu Gott beten. Wenn unsere Pfarrer nicht so blöd wären, würde ich es ja beichten. Aber so hat man niemanden. Meine Eltern dürfen es jedenfalls nie erfahren. Hoffentlich kriege ich bald meine Periode.

Die Mutter läutet noch immer. Ich muß jetzt zur Bescherung.

Russenfriedhof

Der Wind bläst dort oben, von wo du herunterschauen kannst auf die Häuser und die Türme. Rotbuchen, Birken, Apfelbaum und eine Pappel. Rund um die Hecke Dotterblumen und Himmelschlüssel schießen aus der saftigen Erde. Dort oben fühlst du dich immer ein bißchen einsam, und außerhalb, und getröstet. Als Kind hast du Verstecken gespielt hinter den Steinen. Und geschaukelt hast du dich auf der Eisenkette, unterm Denkmal. Die vielen Wörter, die hineingemeißelt sind, kannst du nicht lesen. Russische Buchstaben. Und auf jedem Stein ein roter Stern. Die haben keine Kreuze! Und wieder Wörter, die man nicht lesen kann. Auf unserem guten Mühlviertler Granit. Alles weiß im Winter. Im Frühling das helle Grün. Im Sommer kannst du das Wolgalied hören, bis in den Herbst und solange sie den Russenfriedhof nicht wegreißen:

1888–1945

1921–1945

1917–1945

1921–1945

1915–1945
1907–1945
1919–1945
1890–1945
1900–1945
1920–1946
1907–1945
1906–1945
1919–1945
1922–1946
1914–1945
1922–1947
1922–1944
1926–1944
1922–1945
1924–1946
1919–1946
1915–1945
usw.

Der Prozeß

Durch den Prozeß hat sich im Leben des Franz K. alles verändert. Er hat damals noch sein kleines Auto gehabt, und das hat er zum Kurz in Reparatur gegeben. Wie er es nach einer Woche abholt, wundert er sich über die Rechnung. Sie haben ihm einen neuen Kühler dazuverrechnet, obwohl nur der Auspuff beschädigt gewesen war. Und der Kellerbauer Franzl ist zum Kurz Otto in die Motorrad- und Fahrradhandlung Kurz gegangen, wegen Aufklärung. Der Kurz Otto hat mit der Reparaturwerkstätte Kurz telefoniert, die neben der Tankstelle Kurz und dem Nachtlokal Kurz liegt, draußen am Friedhofsberg, und dort ist mitgeteilt worden, daß nicht nur der Auspuff vom Kellerbauer Franzl seinem Spuckerl reparaturbedürftig gewesen ist, sondern der Kühler auch, weil er zerrissen war. Der Kellerbauer Franzl hat gesagt, das kann nicht sein. Daraufhin hat der Kurz Otto noch einmal hinaustelefoniert und genauer gefragt, und es hat sich wieder herausgestellt, der Auspuff war kaputt und der Kühler desgleichen. Aber wieso, hat der Kellerbauer Franzl gefragt, und der Kurz Otto sagt, ja, das wissen die in der Reparatur auch nicht. Dann müssen sie das Auto über die Nacht in der Kälte stehengelassen haben, sagt der Franzl. Geh, das glaubst du doch selber nicht, sagt der Otto. Der Franzl hat aber einen Zeugen gefunden, der ausgesagt hat, er hat das Auto in der Nacht vor der Reparaturwerkstätte gesehen. Geh, das glaubst du doch selber nicht, hat der Kurz Otto gesagt. Und wie die Rechnung wieder gekommen ist in gleicher Höhe, hat der Franz den Otto angerufen und gesagt, er zahlt nicht. Da hat ihn der Kurz Otto brieflich und in aller alten Schulfreundschaft gemahnt. Der Franzl hat aber zurückgeschrieben, er läßt es sich trotzdem nicht bieten. Darauhin hat der Otto gesagt: Es wird Schwierigkeiten geben. Und wenn du Schwierigkeiten haben willst, hat er gesagt, dann kannst du ja klagen. Der Franzl hat geklagt und den Prozeß verloren. Jetzt hat er wieder die Rechnung gekriegt und noch eine für die Prozeßkosten. Aber er ist in die zweite Instanz gegangen und zu seinem Rechtsanwalt hat er gesagt, er hat das Gefühl, er muß eigentlich gegen zwei Anwälte kämpfen. Geh, das glauben Sie doch selber nicht, hat der Rechtsanwalt gesagt. Und dann hat er den zweiten Prozeß wieder verloren. Jetzt war er aber nur ein Angestellter in der Fleischhauerei von seinem Schwager, und über der Fleischhauerei hat er ein kleines Zimmer bewohnt, und so viel Geld hätte er nie gehabt, daß er die Gerichtskosten und den Anwalt und den Auspuff und den Kühler bezahlen hätte können. Also hat er sich um einen neuen Beruf umschauen müssen. Zum Glück hat die Hoamatland-Versicherung gerade Vertreter fürs Mühlviertel angeworben, und der Kellerbauer Franzl springt ins kalte Wasser und versichert alle Bauern aus der ganzen Umgebung. Und der Cermak Sophie ihren Hund, und den Engländer, der die Radfahrer angesprungen ist auf jedem Spaziergang, und alle Leute, die es gut mit ihm gemeint haben, haben sich beim Kellerbauer versichern lassen in vielfacher Hinsicht. Da ist er auf monatlich über zwanzigtausend Schilling gekommen, weil er in seiner Not wirklich fast das gesamte untere Mühlviertel versichert hat, und er hat sich ein größeres Auto gekauft und alle Schulden gezahlt, und aus dem kleinen Zimmer über dem Schwager seinem Betrieb ist er ausgezogen in eine Eigentumswohnung draußen in der Linzervorstadt, und auf der Eingangstür steht: Franz J. Kellerbauer, Versicherungsagent. Und das alles verdankt er dem Kurz Otto, obwohl er ihn seit dem zerrissenen Kühler nicht mehr grüßt.

Friedhofsberg

Früher war dort nur Gras auf der einen Seite, und auf der anderen der Friedhof mit den schönen Pappeln. Weiter drüben die Holzbaracken, und hinten die ersten armseligen Häuser von der neuen Siedlung, wie noch nicht viel Geld da war, aber nach Fünfundvierzig schon fleißig gebaut worden ist.

Die Häuser, die jetzt auf der einen Seite vom Friedhofsberg stehen, sind viel größer, und man sieht, daß heute mehr Geld da ist. Besonders schön ist das Haus vom Hamberger Otto und von der Rosa. Sie haben es an nichts fehlen lassen. Die Rosa hat außerdem jetzt den Führerschein und fährt mit dem Auto zum Einkaufen in die Stadt.

Der Otto und die Rosa haben das feierliche Begräbnis von der Elfi bezahlt. Manche Leute sagen, aus schlechtem Gewissen. Aber die meisten stimmen überein, daß sie eben doch gute Menschen sind mit einem weichen Herzen. Immerhin haben sie dem Karli das Wirtshaus verpachtet, und so wird für ihn das Leben wieder sonniger werden, und irgendwann wird er auch wieder heiraten, wenn er eine findet, die ins Geschäft paßt und zu den Kindern.

Es muß eine sein, die eine feste Hand hat bei der Erziehung, weil sich die Elfi ja doch nie richtig gekümmert hat. Der Otto und die Rosa haben sogar angeboten, daß sie dem Karli seine Kinder auf den Friedhofsberg holen, weil es jetzt schon zwei Tage her ist seit dem Begräbnis und der Karli noch immer nicht aus dem Schlafzimmer geht.

Der Schwabl Johann und die Poldi sorgen sich, aber gleichzeitig wissen sie, daß es nicht ewig so sein wird. Der Karli denkt jetzt viel nach, und es ist auch Zeit, daß er einmal nachdenkt.

Gerecht war es nicht von ihm, daß er dem Johann so wenig Entgegenkommen gezeigt hat in den letzten Jahren, und Dankbarkeit, davon war nie eine Rede, daß der Karli auch nur für irgend etwas dankbar gewesen wäre. Das hat schon seine Mutter immer gesagt, daß der Karli keinen Sinn dafür hat, wenn man ihm etwas Gutes meint, und daß er so ist, wie er ist, weil es ihm wahrscheinlich nicht recht war, daß sich die Mutter mit dem Schwabl Johann eingelassen hat, bevor es sicher war, ob dem Karli sein Vater aus Stalingrad zurückkommt.

Wer ist denn zurückgekommen aus Stalingrad? Der Hambergerin ihrer nicht! Und so, wie ein

Mann eine Frau braucht, hat die Hambergerin einen Mann gebraucht, und der Schwabl Johann ist damals nach Fünfundvierzig in die Bäckerei gekommen ohne irgendeine nähere Absicht oder vielleicht gar mit Hintergedanken. Er war jung und tüchtig, und so einen hat die Bäckerin brauchen können, und deswegen hat sie sich dann auch eingelassen mit ihm, und sie haben lange und glücklich miteinander gelebt. Der Karli hätte aufwachsen können wie mit Mutter und Vater. Aber Vater hat er nicht sagen wollen zum Johann, und der Johann, der ein gutmütiger Mensch ist, hat sich damit abgefunden, daß ihn der Karli nur Johann nennt oder manchmal sogar Herr Schwabl. Und wie der Karli aus der Hauptschule war, hat sich der Johann selbst dafür eingesetzt, daß der Karli bei ihm in die Bäckerlehre geht, damit er einmal das ganze Geschäft übernimmt. Da hat nie ein Zweifel bestanden, daß der Karli einmal alles kriegt, wie es ihm von Geburt auf zusteht. Daß sich die Umstände dann geändert haben, seit der Johann mit der Bäckerin verheiratet war und der Karli dann mit der Elfi, wie die alte Hambergerin gestorben ist und den ganzen Friedhofsberg wider Erwarten dem Otto und der Rosa vermacht, das hat keiner im voraus wissen können, wie sich alles entwickelt, und auch nicht, daß dem Karli seine Mutter an Krebs sterben wird, allzufrüh und mitten aus dem Schaffen gerissen, und daß der Johann dann die Poldi geheiratet hat, das war sein gutes Recht.

Es hätte alles anders kommen können, wenn die Elfi ein anderer Mensch gewesen wäre.

Unter den Menschen gibt es solche, die sich beherrschen können, und solche, die das nicht können. Und die Elfi hat zu den Menschen gehört, die sich nicht beherrschen können.

Das war vielleicht ein Schrecken, den die Poldi gehabt hat, wie sie auf dem Dachboden aufräumen will und lauter leere Doppelliterflaschen findet. Zuerst der Schrecken, und dann die Einsicht, daß es mit der Elfi so nicht weitergeht. Deshalb, und nur deshalb, damit der Karli auch zu dieser Einsicht kommt, hat sie dem Karli die Flaschen ins Schlafzimmer getragen, eine nach der andern, und wie sie hört, daß der Karli mit den Beweisstücken nur randaliert und die halbe Einrichtung zerschlägt, da hat sie es auch schon bereut, daß sie ihn so darauf hingewiesen hat.

Aber im nachhinein kann man vieles einsehen, und es hilft nichts. Und die Poldi hat nur mit dem Schwabl Johann darüber geredet, aber nicht mehr mit dem Karli, weil es sinnlos war, daß man mit dem Karli redet, wenn es nichts Geschäftliches ist, oder gar über die Elfi.

Gegen die hat keiner etwas sagen dürfen. Da ist

er ganz rot geworden, und hinterher hat man es gehört aus dem Schlafzimmer, wie wieder die Fetzen fliegen.

Sagen hat man schon nichts dürfen, wie die Elfi siebzehn war und der Karli auch, wie sie sich getroffen haben beim Teich draußen, zum Baden, und wie die Elfi dann schwanger war, hat es natürlich keinen gewundert. Die Mutter vom Karli hat ihm gesagt, daß er zu jung ist zum Binden, auch wenn er die Meisterprüfung macht und bald das Geschäft übernimmt. Weil er in seiner Jugend nicht gemerkt hat, daß die Elfi gern einen Schluck Rum trinkt, zu gern, weil sie nichts anderes sieht bei der Tante im Milchgeschäft, wo sie aushilft. Das hat der Karli nicht gesehen, was auf ihn zukommt.

Freilich, jeder weiß eine Ausrede, und die Elfi hat sich damit herausgeredet, daß sie halt nicht glaubt, der Karli wird sie jemals heiraten, und daß sie sich deswegen oft aufheitern muß. Und dann war das zweite Kind unterwegs, und der Karli hat sie noch immer nicht geheiratet, und da hat sie eben noch mehr getrunken. Und dann stirbt endlich die alte Hambergerin, dem Karli seine leibliche Großmutter, und vermacht ihm nur den Pflichtanteil und alles andere ihrem leiblichen Sohn Otto und dessen Gattin Rosa. Da hat der Schwabl Johann die Bäckerin kurzerhand geheiratet, damit eine Ruhe ist, und der Karli hat die Elfi geehelicht, weil das Warten nichts gebracht hat und umsonst war.

Ganz unschuldig war die alte Hambergerin auch nicht, das ist gewiß. Weil sie hat mit der Schwiegertochter nichts mehr geredet, seit der Sohn aus Stalingrad nicht heimgekommen ist und sie, die Bäckerin Hamberger, mit dem Gesellen Schwabl im Ehebett geschlafen hat. Das war eine Schande für die Familie Hamberger, und der Otto und die Rosa haben mehr als einmal darauf gedrängt, der Johann soll die Hambergerin heiraten, damit wieder Ordnung herrscht. Aber der Johann und die Bäckerin haben sich gefürchtet vor einer Heirat, weil ja doch der halbe Friedhofsberg im Testament verlorengehen kann, wenn die Bäkkerin keine Hambergerin mehr ist. Und die alte Hambergerin ist mit den Jahren immer mißtrauischer geworden, und sie hat nur mehr den Otto und die Rosa gehört, und das wird wahrscheinlich der Grund gewesen sein, daß das Testament dann so zugunsten von ihrem einzigen überlebenden Sohn ausgefallen ist.

Anders ist es nicht zu erklären, daß sie den Friedhofsberg, von dem die ganze Stadt gewußt hat, daß er einmal viel bringen wird, wenn er bebaut wird, dem Otto und der Rosa vermacht.

Der Wirt Hamberger und die Rosa sind gleich

aus dem Haus neben der Bäckerei Hamberger, heute Schwabl, ausgezogen, wie sie sich auf dem Friedhofsberg wohnlich eingerichtet haben, und sie haben das Wirtshaus einem verpachtet, und ebendort ist die Elfi dann gänzlich heruntergekommen.

Man weiß auch, für welche Dienste sie dort immer wieder Schnaps und Wein bekommen hat. Es hat oft wilde Wortwechsel gegeben zwischem dem Karli und der Elfi. Er hat ja gleich gerochen, von wo sie kommt, wenn sie endlich heimkommt.

Das alles muß man bedenken, wenn man sich in den Karli hineindenken will, warum er jetzt nicht aus dem Zimmer geht. Er spürt jetzt selber ganz genau, daß er vieles falsch gemacht hat von Anfang an.

Die letzte Auseinandersetzung, wie die Elfi den Otto und die Rosa auf das ordinärste beleidigt mitten im Geschäft, vor anderen Kundschaften, nur weil sie sagen, sie nehmen die Kinder auf den Friedhofsberg, solange die Elfi auf Entwöhnung geht, bei dieser Auseinandersetzung sind dem Karli eben die Nerven durchgegangen, und keiner wird es ihm übelnehmen. Weil die Elfi in ihrem beklagenswerten Zustand ja nicht gewußt hat, was sie redet, und wie sie es mit nicht wiederzugebenden Ausdrücken sagt, dem Otto und der Rosa, gerade in einem Gespräch, wo die Verwandten zeigen, daß sie es gut meinen und keine schlechten Menschen sind, sondern nur Menschen wie alle anderen auch.

Da muß man verstehen, daß der Karli die Elfi zurückhalten will, indem er sie ins Schlafzimmer hinaufzieht, und wie es oben noch weitergegangen ist, da hat unten keiner gewußt, was passieren wird. Sonst hätte man es ja verhindert. Das hätte ja auch keiner gedacht, daß die Elfi noch solche Kräfte hat, wo sie im Geschäft beim Rechnen stottert und ihre Hände immer gezittert haben, wenn sie ein Sackerl für die Semmeln gesucht hat. Daß sie mit so einer Kraft auf den Karli losgeht, und wie es dann über die Stiegen herunterpoltert, wie wenn ein Mehlsack ins Rutschen gekommen wäre, aber es war die Elfi, und oben steht der Karli mit einem roten Gesicht und mit der erhobenen Hand.

Darüber soll der Karli jetzt auch nachdenken, was für ein Glück er gehabt hat, daß es keine Untersuchung auf Totschlag gegeben hat. Vielleicht ist es genau das, was ihm durch den Kopf geht. Daß er ein richtiges Glück gehabt hat. Und, da wird er auch noch einmal draufkommen, daß es für alle am besten ist, so wie es gekommen ist.

Kaffee und Kuchen

Es kam ein Telegramm aus Castrop-Rauxel. ALTER FREUND, stand darin, STOP KOMME DIENSTAG STOP JUPP.

Jupp, dachte der Empfänger. Und plötzlich war alles wieder da: der Krieg, die Pferde, die hohen Bäume in Norwegen, die dicken Lachse, die sie gefischt hatten, Jupp Kessler und er, und Adolf Giese, der in der englischen Gefangenschaft an Blinddarmdurchbruch dann gestorben war.

Am Dienstag läutete es an der Haustür. Ein glatzköpfiger Koloß stand auf dem Gartenkiesweg, einen Siegelring am Finger der rechten Hand, Mercedesschlüssel in der linken.

Er brachte keine Pferde mit, keine hohen Bäume, keine Lachse, dafür einen Cocker-Spaniel, eine geschminkte Frau, zwei erwachsene Töchter und einen Wohnwagen.

Jupp, Jupp, dachte der Empfänger, als er hörte, wie die geschminkte Frau den Koloß Josef nannte. Sie fuhren noch am selben Tag weiter.

Bürgerinitiativen

Dem Riernößl seine Hecke hat der Faltlhansl schon seit jeher die Sonne weggenommen. Der Riernößl liegt in der Sonne, und die Faltlhansl hat nichts! Mannshoch, hat ihm die Faltlhansl hinübergeschrien in seinen blöden Garten, wie er wieder einmal mit der Schere gestutzt hat, mannshoch! Aber der Riernößl ist einszweiundneunzig, und das ist für eine Hecke zu hoch. Und er wird natürlich braun. Und sie hat von ihrem Sonntagnachmittag im Garten buchstäblich nur den Schatten. Und er springt drüben in seinen Swimming-pool und schreit: That's marvellous! Er kann perfekt englisch. Die Faltlhansl hört alles hinüber und kann in ihrem Schatten nicht einmal schlafen. Deswegen hat sie aus der Stadtwohnung in seine Stadtwohnung telefoniert und es ihm hineingesagt. Sie sind keine Dame, hat der Riernößl gesagt, und einfach aufgelegt. In der Nacht ist die Faltlhansl mit ihrer Schere gekommen und hat die Hecke gestutzt. Der Riernößl war dann längere Zeit nicht draußen, aber seine Alte hat ihm erzählt, daß die Faltlhansl mit einem Sonnenbrand beim Friseur war. Da ist der Riernößl sofort auf die Polizei, und jetzt kommt ein gerichtliches Verfahren.

Wie sich die Frau Nebenführ emanzipiert hat

Ihr Mann hat immer wieder gebeten, sie möge doch ins Spital gehen zum Kerschbaummaier, der schon wieder im Delirium liegt und immerhin ein entfernter Verwandter ist, und da wäre doch das Lederwarengeschäft. Und keine leiblichen Nachkommen. Auch die zwei Nebenführ-Buben haben regelmäßig ins Spital gehen müssen, obwohl der Kerschbaumer so einen unangenehmen Geruch verbreitet hat, auch als Gesunder, und insgesamt ist er viermal im Sterben gelegen, und oft hat er gesagt: Es wird alles mit Gold bezahlt! Da hat ihm die Frau Professor Nebenführ schon erlaubt, wahrscheinlich, hin und wieder, daß er ihr die Hand aufs Knie legt. Und wie er die Augen für immer geschlossen hat, war sie Universalerbin. Jetzt ist der Herr Professor Nebenführ dumm dagestanden. Und sie war vom Tag des Erbantrittes an ein neuer Mensch. Sie hat die Lederwarenhandlung modernisiert und auf Schuhverkauf erweitert, und mit den Angestellten führt sie ein strenges Regiment. Zu ihrem Mann sagt sie: Du impotenter Trottel. Das hätte sie sich früher nie getraut.

Obergschwandt, 14. d. M.

Liebe Resi!

Schreibe Dir innsgeheim weil sie mich eingesperrt haben. Früher haben sie nur den Schlüßl umgedreht wenn Besuch gekomen ist. Jetzt lassen sie mich garnichtmehr herauß. Durch die Tür höre ich wie sie sagen ich bin vereist. Daran ist nur *sie* schuld. Früher war er nicht so. Du erinnerst Dich zurück, wie Du noch da warst da haben wir alle an einem Tisch gegessen nicht nur zu den Feiertagen! Die Freudenthalerin tragt diesen Brief auf die Post. Sie ist jetzt hundertein Jahr alt und noch rüßtig. Bringt mir Gramlknödl mit Kraut von der Jaksch. Weil sie selber kann nichts mehr essen. Gestern Speckleiberl mit Saft sehr pickant mit Knofl. Es ist schrecklich Resi. Die Person komandiert im Haus herum. Der Fritzerl rackert sich ab die Notburga ist keck zu mir aber tüchtig in Wirtschaften. Einen Medrescher haben sie angeschafft. *Sie* war dahinter. Die Notburga fahrt allein auf dem Medrescher hinaus. Die Reserl komt nicht mehr heim aus dem Internat. Und das Weibsbild schafft an! Ich bin doch immer die Mutter gewesen! Nicht einmal die Nachrichten in Fernsehen gönnen sie mir. In Speiskamerl haben sie etwas hergerichtet für mich so steht der Umzug warscheinlich bald bevor. Sie will mein Schlafzimmer zum Wohnzimmer dazu und sie fangen bald an die Mauer einzureisen. Der Hubert ist einmal heimgekommen der Fritzerl hat ihn behalten wollen aber *sie* ist dagegen. Neben mir sitzt die Freudenthalerin und wartet daß sie den Brief auf die Post tragen kann. Der Putschögl Alois nimt sie mit in die Stadt. Der wird immer dicker. Sie will die Schoberin besuchen. Die Freudenthalerin läst Dich schön grüßen liebe Resi. Sie will Dich besuchen in Linz wenn der Putschögl eine Fuhr hat. Der Fritzerl arbeitet für zwei! Jetzt wollen sie die Farln hergeben und nur mehr Hendln. Das sinliche Luder hängt sich an mit Schmuck den was ich Euch zur Hochzeit geschenkt habe. Hättest ihn mitnehmen sollen liebe Resi! Der kleine Fritzerl ist sehr brav und lernt schon Rechnen. Resi wenn Du den Fritzerl sehen tätest Du tätest Dich kränken. Hoffe Du bist vollzufrieden in der Fabrik. Es ist hier eine Tragik wie man sich nicht vorstellen kann. Sie will immer Besuch und hat viele Verwandte aus dem Hausruckviertel die kommen und fressen und die Notburga muß groß aufkochen. Einen Geschirrspieler haben sie gekauft. Mich zeigen sie nicht her. Wenn ich denke an früher. Schicke hundert Schillung wenn es leicht geht. Auch für die Notburga ein Halsketerl wenn es leicht geht. Vergieß nicht den Namenstag. Und dem Fritzerl seinen Geburtstag am 31.

Gruß
Mutter

N. S. Die Freudenthalerin ist jetzt schon hundertein Jahr alt und rent wie ein Wiesl.

Da Bauli oder Das relative Unglück

Meingod, waunsd in Bauli auschaust, wia liab das dea wiad und so vü redn duad a scho und mid di Hend duad a scho so liab schbün und di Fingal dran und jedn Dog wiad a liawa. Und mia sogn: Meingod, so a liabs Kind, so liab lochda und so gscheid isa scho, und waun mia den Bauli ned hedn, des kenadn mia uns goa ned voaschdön.

Dawei hod olas so furchboa augfaunga, wiari zum Bapa gsogd hob: Bapa, es is wos Furchboas bassiert. Griagsd leichd a Kind, hoda gsogd. Naa, hob i gsogd, owa d Astrid.

Do wora ganz schdü.

Und daun isa auf und o gaunga und auf und o, und ea hod wos gsogd, owa i hobs ned vaschdaund. Und daun hoda gsogd: Warum muß das alles mir passieren! Warum immer nur mir! Warum, mein Gott, muß immer nur alles mir passieren, warum nicht den anderen!

Und wia ma eam gsogd haum schbeda: Bapa, d Astrid hod an Buam! Do hoda si umdrad in sein Bett und hod gsogd: Des is ma gleich.

So schiach wora zersd, und d Astrid is grend

mit eam und woa beleidigd, waunman ned aug-schud haum, und waunma zuwigaunga san, daun woas aufgregd, dasman ned schlofn losen, und o-bussln haumman ned derfn, wei des is unhügje-nisch, und waun eam neamt obussld hod, daun woas aa beleidigd. Und heid sans noch Sandl gfoan, d Mutti, da Bapa und da Bauli. Si haum eam woam eibokt und schen hergrichd, wei ea is jo so liab, und so gscheid isa aa, und a schena Wintadog is heid, mit Schnä üwaroi, und d Schi-fora san untawegs miti Schi aufdi Auto, und koid iss, und die Autofensta san nur a glans Schboital offn, damit si da Bauli ned vaküd.

Jojo. Und wia da Bauli no ned do woa, do haums üwalegd, obsn weggem soin oder ob ma d Astrid in a Heim gibd oda ins Auslaund, owa si hod jo no a Joa ind Schui ge miassn weng da Ma-dura. Oiso, ma hod glaubd, das di Wöd eischdiazd. D Mutti hod gwand und hod gsogd: Hättest du mich doch nie geheiratet!

Und d Oma hod da Mutti auf die Schuitan glopft und hod gsogd: Do dua di nit krenkchn, do dua di nit krenkchn!

Da Bapa is aufn Schippndelsessel gsessn und hod goa nix gsogd.

Und d Astrid hod daun Jakal gschdrikd und woa gauns schdü und hod si d Hoa schnein lossn und hod si nix sogn draud und aufd Schdrossn hod sa si aa nimma draud noch da Madura, nur in Finstan, und hamlich hods zwa Biachln glesn: Die junge Mutter.

Und jez is da Bauli so liab und so gscheid und oiwei lochda und oiss greifda au und oiwei mechda schbün und mechd dasma eam zuaschaud.

Blaue Augn hoda und gauns blonde Hoa und so a liabs Gsichd und so liawe weisse Zandal und so liawe glane Handal und sowos Lebhofds isa.

Jojo, da Bauli.

Auf da Schdrossn bussld eam da Bapa o, dass olle Leid segn, owa daham aa.

... kurzblütig erschossen!

Gendarmerie/Ortskommando

An
Herrn/Frau/Frl. Cermak Sophie
Hausfrau
Stifterweg 11

betrifft: Mahnung!

Freistadt, den 2. Februar 1976

Sehr geehrte Frau Dr. Cermak!

Erlaube mir hiermit dieses Schreiben an Sie zu richten, weil es nicht mehr geht, was Sie mit Ihnerem englischen Hund Seix aufführen. Er ist ein Rauffer und muß weg, sonst wird es noch etwas gebn. Das sage ich ihnen in guten, es wurde eine Unterschriftensammlung gemacht wegen den Seix, weil er für alle anderen Hunde in der Stadt eine Bedrohung darstellt und daß nicht so weiter gehen kann. Sie müssen den Seix weggeben, sonst wird es Ernst.

Der Budl von der Frau Pötschl kommt unschuldig dazu, wie ihn der Seix wieder zugerichtet hat, und die Frau Pötschl ist eine Witwe. Sie müssen einsehen bei aller Hochachtung, daß er weg muß, oder Sie lassen ihn vergiften, eins von Beiden. Wenn wir noch einmal sehen, daß Ihner Seix hinter der Brauerei ohne Leune herumrennt, dann machen wir kurzen Prozeß. Alle Mopedfahrer, die hinter der Brauerei wohnen, haben schon die Moped verkauft und sämtliche Motorradln, weil es zu gefährlich geworden ist. Der Seix ist eine emenente Gefahr für alle, die ihren ständigen Wohnsitz hinter der Brauerei haben, und außer den Budl von der Frau Pötschl hat er schon andere Hunde zugerichtet und tätlich verletzt.

Sie sind die Gattin von Herrn Cermak, den wir alle als Arzt sehr schätzen aber, das heißt nicht daß Sie machen können was sie wollen. Wenn der Seix wieder ohne Leune rennt, dann wird er kurzblütig erschossen. Der Herr Weinzierl hat eine Anzeige in Vorbereitung, weil der Seix seinen Wolfshund in den Selbstmord getrieben hat. Auch der Dackel vom Döberl ist mit die Nerven schon völlig vertig weil er unter der ständigen Betrohung seelisch zugrunde geht. Jetzt muß gehandelt werden.

Vergessen Sie nicht: der Herr Wittibschlager hat ein Gewehr und er ist keiner, der lang wartet.

Was Ihneren Fausti betrifft, so sind alle empöhrt, weil er so mager ist und mit so einen eingezogenen Kopf herumrennt. Die Frau Weinzierl hat gesagt: sie füttern ihn nicht! Und wegen seine Hemorieden müssen Sie auch etwas tun, sonst werden Sie wegen Tierquälerei angezeigt.

Es grüßt Sie in guten,
mit Hochachtung

Rudolf
Inspektor

Im Namen aller Hundefreunde!

5. März 1976

Liebe Waltraud!

Ich muß Dir schreiben, weil der Vati sagt, er schreibt Dir jetzt einen Brief, nur, damit Du nicht erschrickst! Es ist nämlich mit dem Sykes etwas passiert, aber es war ganz anders, und deswegen muß ich es Dir erzählen, weil wir haben jetzt einen Prozeß gegen die Frau Pötschl, ich weiß nicht, ob Du sie kennst, die mit dem weißen Pudel, uns sie hat auch so viele Lockerl. Sie wohnt in dem Haus am Klosterbergerl, und wie ich mit der Trixi vom Fußballplatz zum Klosterbergerl gegangen bin, mit dem Sykes, weil die Mutti mit ihm nicht mehr geht, weil er so stark ist und sie immer umreißt, deswegen geht die Trixi jetzt immer mit mir äußerln, weil wir ihn zu zweit besser halten. Und wie wir am Klosterbergerl waren, hat der blöde Pudel von der Frau Pötschl aus dem Gartentürl herausgebellt. Das macht er immer, und der Fausti fürchtet ihn deswegen, aber der Sykes hat uns gleich hinübergerissen und hat die Zähne gefletscht, und der Pudel von der Frau Pötschl ist sofort verschwunden. Aber da ist noch nichts passiert. Nur beim Heimweg, wie wir unten am Fußballplatz waren, hat die Trixi den Sykes ganz allein geführt, weil er so brav war, und auf einmal hat er die Trixi über die Straße gerissen, weil drüben die Frau Pötschl gestanden ist mit dem Pudel, und der hat gleich gebellt; und die Trixi hat den Sykes ganz fest gehalten, aber er war so stark und hat sie über die Straße geschleift. Ausgekommen ist er ihr nicht!! Aber die Frau Pötschl hat ihren Hund an der Leine gehabt, und wie sie gesehen hat, daß der Sykes kommt, da hat sie ihren Hund so blöd zurückgerissen, daß sie ausgerutscht ist, und jetzt hat sie einen gebrochenen Arm und zeigt uns an. Dabei ist nichts passiert! Weil die Trixi hat den Sykes im letzten Moment zum Stehen gebracht. Aber die Frau Pötschl hat ihren Hund so schnell zurückgerissen, daß sie dabei umgekippt ist! Jetzt sagt der Vati, Du mußt zahlen, weil Du ja damals den Sykes gebracht hast und ihn nicht mehr mitgenommen hast. Der Vati schimpft eh immer mit der Mutti, weil sie für den Sykes das teuerste Fleisch kauft, und die ganzen Leute in der Stadt regen sich furchtbar auf, nur weil der Sykes manchmal einen Radlfahrer anspringt, und einmal hat er einem ein Stück von der Hose heruntergebissen, aber sonst ist nichts passiert. Außerdem hat die Trixi den Sykes geführt, und sie ist minderjährig, und der Hund gehört ja nicht uns. Ich hab Dir das geschrieben, nur damit Du nicht glaubst, es ist wer gestorben, weil der Vati einen Brief schreibt.

Viele Bussi von Deiner

Dorli.

P.S.

Die Trixi fragt, ob Du ihr wieder so schöne Briefmarken schickst wie letztes Mal.

5. 3. 76

Lb. Waltraud, lb. John,

um Euch kurz zu inform.:

die Situation i. u. Haus spitzt sich zu, Mutti schläft fast k. Nacht mehr, da d. Probl. m. d. zw. Hdn. schon rein zeitgemäß unzumutb. gew. ist. Sykes hat, seit er sich in Ö. befindet, alle Manieren abgelegt, u. allmähl. bezweifeln wir, ob er wirkl., wie John behauptet, in Engld. auf e. Hundeschule war. Es haben sich einige Zwistigk. zw. Mutti u. mir ergeben, da Sykes nicht nur ernährungsmäßig viel Geld aufbraucht, das wir bei billigerer Haltg. sehr wohl einsparen könnten, aber Du kennst ja D. Mutter, und darüber brauche ich Dir wohl kaum zu schreiben. Nun kommt aber dazu, daß S., der einerseits jung, anderseits eben gerade durch die tgl. Versorgung mit erstklass. Rindfleisch ein starkes Temperament hat, nicht nur Katzen, Vögel etc. jagt, sondern es mit den Hdn. der Stadt aufnimmt. In meiner berufl. Situation kann ich es mir nicht leisten, Patienten zu verlieren. Frau Döberl hat Mutti verboten, beim Äußerln an ihrem Haustor vorbeizugehen, da i. Dackel jedesmal unruhig wird u. einmal durch die Glastür sprang, wobei er sich Verletzungen zuzog. Wir mußten f. d. Schaden aufkommen. Das soll k. Vorwurf sein. Nun ist die Lage etwas ernster geworden. Mutti wurde durch die Witwe Pötschl in ein gerichtl. Verfahren verwickelt. So leid es uns tut lb. W., lb. J., wir müssen nun auf Euer vor 1 Jahr gem. Angebot zurückkommen. Nach telef. Absprache mit der Fracht-Abt. der AUA in Linz wird sich der Transport nach Kanada folgenderm. abspielen:

Ich bringe S. n. Linz, dort wird er m. einem Spezial-LKW nach Schwechat gefahren u. vom dort.

Flughafen direkt nach Fredericton geflogen. Unterwegs wird er versorgt und gefüttert u. ein- o. zweimal, je nach Flugstrecke (Montreal/Toronto) umgeladen. Er wird f. diese Reise nicht tierärztlich präpariert, bekommt weder eine Spritze noch wird er, wie Mutti ständig befürchtet, eingeschläfert. Die bisher durchgeführten Transp. i. dieser Richtg. verliefen alle, nach Auss. d. Beamten, reibungsl. u. zufriedenstellend. Nach Ankunft in Fredr. wird John etw. m. Aviso oder, weil es sich um ein leb. Tier handelt, telef. verständigt, damit er S. umgehend abholen kann.

Wie Du vor einem Jahr einm. gesagt hast, wird John die Kosten des Transfers tragen. Er kann diese Kosten tatsächlich – ich habe m. erk. – nach Ankunft d. Hundes in Kanada bezahlen, so daß wir weiters keine Ausgaben hätten:

Hundekäfig von der Sped. Weiß in Wien, Größe 65/50/192 – dies ist für einen größeren Wolfs- o. Schäferhd. gedacht – paßt also auch für Labrador – = ö. S. 420,50.

Als niederst. Gesamtgew. f. d. Käfig plus Hund, auch wenn das Lebendgew. d. T. darunter liegen sollte, werden immer 43 kg à 83,5 pro kg verr., das sind insges. ö. S. 3.590,50.

Dazu: Fracht Linz/Wien in niederer, jedoch unbek. Höhe, und Nebenkosten in der Höhe von ca. 150,– Schilling.

Die Ges. Kosten werden also ca. 4400,– ausmachen. Diese Angaben erhielt ich vom zust. Beamten. Sollten die Frachtflugtarife inzwischen nicht steigen, wird es bei obengen. Summe bleiben.

Bitte telegraf. sofort, ob Dir der Vorschlag paßt, damit wir die Sache erl. können, um Mutti die quälende Ungewißheit zu verkürzen u. gleichz. zu verhindern, daß noch mehr passiert.

Für uns ist diese Art der Trenn. sicherl. sehr schmerzl., nun zur Prozeßlage:

Frau Pötschl wurde von der Versicherung mit ca. 5.000,– Sch. abgefertigt, jedoch läuft bei Gericht ein Verfahren gegen Mutti und Dorli (fälschlicherweise anstatt gegen Trixi Talhammer, die ja den Hund geführt hat) wegen schwerer Körperverletzung. Momentan ist d. Lage für uns nicht überschaubar, aber sollte Mutti verurteilt werden, müssen wir auch hier vermutl. an Euch herantreten wegen der Kostenbeteiligung bei der Bezahlg. d. Rechtsanwaltshonorars und der Gerichtsgeb.

Es tut mir leid, daß ich Euch keine besonders angen. Nachrichten zukommen lassen kann, aber man muß den notw. Dingen eben auch einmal ins Augen schauen.

Herzl. Gr. Dir u. John,

Euer

Vati

Freitag!!

Meine Liebe,

ich höre Deinen Vater in der Ordination auf der Maschine schreiben – – –

Waltraud! – – –

Wenn Du es mit Deinem Gewissen vereinbaren kannst – Du mußt den Brief nicht beantworten – Vatis Brief – –!! Ich kann Sykes nicht im Stich lassen! Er ist nur ungestüm – – und wenn sich die ganze Stadt gegen ihn stellt – ich habe ihm geschworen – geschworen –, daß er bleiben darf. Er hat mich angeschaut mit seinen großen, traurigen Augen – – – Wenn du wüßtest, wie lieb er ist – jeden Tag wird er von mir gebadet – auch mit Fausti ist es jetzt besser geworden – sie raufen nicht mehr – Fausti läßt Sykes den Vortritt in allem – er frißt erst, wenn Sykes schon gegessen hat – Waltraud!! Denke auch an Fausti!!! Er ist nun schon neun Jahre alt – zwei ganze Jahre davon hat er mit Sykes verlebt – sollen alle blutigen Verletzungen, die er sich am Anfang zuzog, vergebens gewesen sein???

Während ich diese Zeilen hastig hinwerfe, liegt Sykes neben mir auf dem Sofa und schaut mich an – er versteht alles – Waltraud, ich bin rasend unglücklich – Dein Vater hat kein Gefühl – Sykes ist so zahm, wenn man ihn nicht reizt – gestern fing er eine Taube und trug sie liebevoll im Mund spazieren – dann ließ er sie wieder los – ich höre Deinen Vater die Stiege heraufkommen –

In Liebe,
Mutti!!!

Hochwohlgeboren
Sophie Cermak
Adalbert-Stifter-Weg 11

4. 3. 1976

Sehr geehrte Frau Doktor,

wir danken Ihnen für die Taubenfeder, die Sie uns eingeschrieben und expreß zugesandt haben. Wir haben sie untersucht, es ist wirklich unerhört, die Taube, von der sie stammt, muß total unterernährt sein. Wir bewundern Ihre Entschlossenheit, gegen alle feindlichen Haltungen Ihrer Familie und besonders Ihres hartherzigen Gatten so unverdrossen anzukämpfen. Das Taubenfutter, das wir Ihnen zur Rekonvaleszenz der Freistädter Tauben empfehlen, kommt aus Amerika und kostet 90,– das Kilo, Sie müßten etwa zwanzig Kilo kaufen.

Die Freistädter Tauben werden es Ihnen danken.

Noch eine weitere Möglichkeit gibt es für Sie, uns zu helfen: in Feuerland ist ein Adler beim Raub eines Kindes von wilden Jägern angeschossen und am linken Bein, zweite Zehe, verwundet worden. Der Adler müßte dringend ins Tierspital, es ist jedoch kein Feuerländer bereit, dafür zu spenden. Wenn Sie bitte auf unser Scheckkonto 1217,– Schilling einlegen. Danke.

Mit vorzüglicher Hochachtung
grüßt Sie Ihre
Johanna Edlmaier

Oberösterreichischer Tierschutzverein
4020 LINZ
Marienkäferlweg 3

17. März 1976

Liebe Waltraud!

Ich muß Dir wieder schreiben, weil die Mutti spinnt. Du kannst Dir nicht vorstellen, was jetzt daheim alles los ist, nur wegen der Pötschl, die hat die Mutti angerufen und gesagt, wir müssen ihr jeden Tag zwei warme Mahlzeiten bringen, weil sie mit dem einen Arm nichts kochen kann, und die Mutti tut alles für die Frau Pötschl, nur damit sie mit dem Vati redet und sagt, daß der Sykes viel gutmütiger ist, als sie geglaubt hat. Aber die

Pötschl nützt die Mutti nur aus. Und vorgestern zum Beispiel hat sie sich mit einer Bierflasche vor ihr Gartentürl gestellt und hat gewartet, daß einer vorbeikommt und ihr das Bier aufmacht, weil sie sagt, sie kann sich das Bier nicht mehr selber aufmachen mit dem Arm. Sie will eine Rente!!! Und jetzt fährt sie jeden Tag nach Linz einkaufen, und sie sagt, mit dem Arm kann sie nicht im Autobus sitzen, und die Mutti zahlt ihr immer das Taxi hin und zurück! Der Vati darf das nicht wissen, sonst hängt er sich auf. Die Mutti hat außerdem die Trixi beim Tierschutzverein angemeldet, und sie zahlt die Beiträge, und jetzt haben wir von der Frau Talhammer erfahren, daß sie, die Frau Talhammer, auch seit einigen Monaten beim Tierschutzverein ist und gar nichts davon gewußt hat! Die Mutti meldet alle Leute an und zahlt die Beiträge!! Der Vati hat so eine Wut auf den Fausti, weil der Fausti ins Wohnzimmer will, wo die Mutti jetzt schläft, damit der Sykes nicht allein ist, und der Vati hat zum Fausti gesagt: Ich hau dir das Kreuz ab! Weil nämlich der Fausti in seiner Nervosität schon alle Türen zerkratzt hat. Die Mutti ist ganz verweint, und der Fausti hat bei der Großmutter Schlafzimmerverbot, weil er ihr die Tuchent zerrissen hat, und vor lauter Federn haben wir nichts gesehen, und die Großmutter hat geschlafen und überhaupt nichts gemerkt. Erst wie sie aufgewacht ist. Sie ist schon so alt, daß sie nur gesagt hat: Schön brav sein, Fausterl, immer der Großmutter und der Mutter schön folgen, wie sich's gehört. Aber jetzt laßt sie ihn nicht mehr hinein. Beim Prozeß hat sich die Pötschl irrsinnig aufgespielt, aber sie hat verloren! Der Dr. Zeilinger hat ihr nämlich eine Fangfrage gestellt. Von wo sie gekommen ist, wie sie oberhalb vom Fußballplatz war. Sie hat gesagt: Vom Volksfest. Er hat gefragt, was sie dort gemacht hat. Sie hat gesagt: Nichts. Aber der Dr. Zeilinger hat gesagt, es gibt Zeugen, die Sie im Bierzelt gesehen haben! Da ist sie ganz rot geworden und hat uns alle angeschaut und hat gesagt: Mein Gott, ein Glaserl Bier wird man sich doch noch genehmigen dürfen! Jetzt hat der Dr. Zeilinger gesagt, daß sie ja umgekippt ist von der Flugkraft ihrer Handtasche, weil ihr Hund auch in die Luft geflogen ist, so schnell hat sie an der Leine gezogen, und das war übertrieben, und die Handtasche ist ihr über den Kopf gefallen, und dann ist sie umgekippt, weil sie angesoffen war, und sie ist schuld!

Viele Bussi
von Deiner
Dorli

P. S. Ich hab Dich gefragt, ob Du Marken hast. Der Trixi ihr Freund braucht noch zwei für seinen Kanada-Satz!

Nacawick, 8. Mai 76

Lieber Faust,

wie Du siehst, bin ich in Kanada gut angekommen. Das Fressen ist mies, aber die Kälte tut gut. Sie haben mich zuerst einen Monat in Quarantäne gesteckt. Kannst Dir vorstellen, was ich dort aufgeführt habe. Einige Kollegen mußten auf die Spezialabteilung, Feiglinge! Waltraud und John nahmen mich freundlich auf, und bis jetzt muß ich nicht bereuen, daß ich ausgewandert bin. Beim Jagen denke ich viel an Dich, weil Du ein guter Kerl gewesen bist und hier einiges von mir lernen könntest. Habe freie Wildbahn. Ich hoffe, die Katzen nützen meine Abwesenheit nicht aus! Schade, daß du nicht mitgekommen bist, Faust. Aber hier würdest Du frieren. Für heute schließe ich. Hab gerade einen großen Knochen bekommen.

Herzlichen Gruß, Dein

Sykes.

Nacawick, 22. Mai 76

Lieber Faust!

Ich habe Dir vor gut drei Wochen geschrieben. Warum antwortest Du nicht? Oder hast Du meinen Brief nicht erhalten? Hier gefällt es mir quite good. Habe mich schon eingelebt. Auch das Fressen ist jetzt erheblich besser. Vielleicht, weil ich wieder einmal flüssigen Stuhl gehabt habe. Du siehst, man muß sich nur wehren. Aber das wirst Du nie begreifen, Du bist ja ein Schwächling.

Schreib wenigstens!

Sykes.

Nacawick, 5/6/76

Faust, old boy,

was ist los? Ich hab Dir twice geschrieben und Du rührst Dich nicht! Bist Du krank? Wir haben doch ausgemacht, daß wir in Kontakt bleiben. Wenn du krank bist, schicke eine Karte, ich komme sofort. Du weißt, daß ich Dich beschütze, wenn es sein muß. Übrigens: was ist mit dem Döberl-Hund? Ich wüßte gern, wie er sich jetzt aufspielt. Jetzt hat er es ja leicht!

Schreib mir doch all news,

Sykes.

Sonntag, 13. Juni 1976

Liebster Sykes!

Entschuldige, daß ich Dir so lange nicht geschrieben habe, aber ich bin immer so müde gewesen und so schwermütig. Ich weiß nicht, wie es mit mir weitergehen soll. Der Döberl-Dackel ist so gemein. Ich habe ihm ja nie etwas getan. Aber wenn ich hinunterlaufe und mein Lackerl mache, kommt er gleich und verjagt mich. Vor einigen Tagen war es ganz furchtbar. Ich hab mein Lakkerl gemacht, auf einmal steht er da, und die Haustür war nicht offen, und in der Aufregung hab ich die Klinke nicht herunterdrücken können, weil mir ja die rechte Hand noch so wehtut unter dem Verband. Ich bin nämlich in einen Nagel gestiegen. Der Döberl-Dackel ist immer näher gekommen, da bin ich hinunter zum Weinzierl-Haus geflüchtet und hab mich im Tor versteckt. Gott sei Dank hat die Frau Döberl ihren Dackel dann geholt. Jetzt ist Föhn. Ich bin sehr traurig und rieche dich noch überall. Du, der Hund vom Wagner fragt immer nach Dir, wenn ich mit der Großmutter hinter die Brauerei gehe. Soll ich ihm sagen, daß Du in Kanada bist? Ich weiß nicht, ob es Dir recht ist.

Viele, viele Bussi von Deinem
Fausti!!

Nacawick, 8. August

Dear Fowst,

sorry I didn't write. Hab so much to do! Drei

Rüden und etliche Katzen in der Nachbarsiedlung. Weiß schon nicht mehr, wo mir der Kopf steht. Nächste Woche Prozeß. Habe einen guten Anwalt, zum Glück. Leider Deinen Brief verloren, weiß nicht mehr, was du gefragt hast. Please write, regards,

Sykes

Bei Dr. Cermak, Tel. 32 88
Mittwoch

Sykes, Du mußt kommen, sie wollen mich einschläfern! Die Großmutter hat es mir gesagt. Alle schreien und streiten! Bitte komme, ich weiß nicht mehr, auf wen ich mich noch verlassen kann! Ich hab Angst!

F.

Nacawick, 3rd of Sept 1976

My dear Fowst,

I'm awfully sorry, but I just can't do anything at the moment. Have got two trials with a couple of newcomers – labradors – imagine! Take it easy. You've been a true friend.

Sykes.

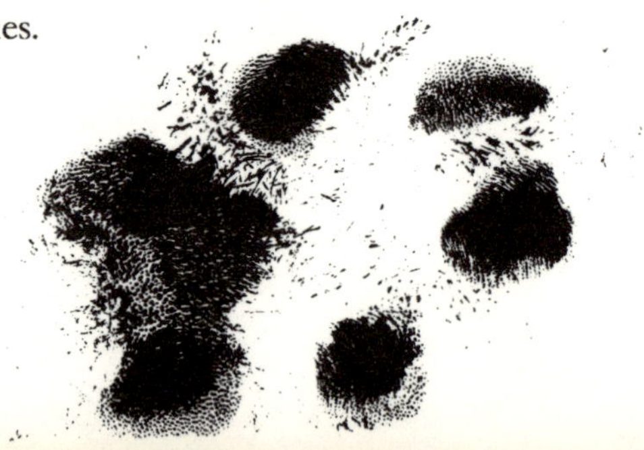

Graz, am 18. Januar 1978

Sehr geehrte Frau Dr. Cermak!

Mein Name wird Ihnen vielleicht nicht mehr im Gedächtnis sein, und doch fühle ich mich gedrängt, Ihnen zu schreiben, denn es ist so viel Unausgesprochenes zwischen uns, und unsere Leben waren vor etwa vierzig Jahren so nahe daran, sich zu kreuzen, sich zu vereinen vielleicht sogar, kurz, ich erlaube mir diesen Brief, nachdem es längst zu spät ist.

Wenn ich auf meine letzten Jahrzehnte zurückblicke, so könnte ich mich buchstäblich in den H. beißen, verehrteste Frau Doktor. Aber was weiß man, wenn man jung und unerfahren ist.

Damals, als Sie den Schuhabstreifer bei mir im Hofe ausklopften, da stand mein Sinn nur nach Reinhaltung meines Geschäftsgebäudes, und ich war noch blind für das Ideale in dieser Welt. Ich hätte nichts sagen sollen. Oder vielmehr, ich hätte sagen sollen: Fräulein, kommen Sie mit mir auf einen Kaffee. Das wäre es gewesen, und da hätte sich mein ganzes Leben zum Guten gewendet. Und was sagte ich statt dessen? Da dürfen Sie das nicht ausklopfen, habe ich Ihnen gesagt.

Dann heiratete ich, und das Unglück war doppelt, denn wie Sie sich jetzt schon erinnern werden, war es eine Doppelhochzeit. Weder ich noch meinem Bruder, keinem von uns war das Eheglück vorausbestimmt. Wir haben nicht die richtige Frau gefunden. Schnell und ungestüm ist die Jugend, und oft wählt man falsch, weil man in der Eile ist. Wir waren in der Eile, weil in beiden Fällen schon etwas unterwegs war.

Denn damals waren wir noch keine Idealisten.

Die Zeiten haben sich geändert, hier in Graz wie überall. Mein Geschäft blüht nicht mehr wie früher, die Umsätze sind permanent im Sinken, und nun will ich Ihnen auch sagen, was mich bewogen hat, Ihnen zu schreiben.

Verehrteste! Vor einigen Tagen besuchte mich eine Frau Elisabeth Hofmann. Wir kamen beim Geschäftshandel (sie besorgte sich zwecks Reparatur ihres Gartenhäuschens eine Beißzange) ins Plaudern, und von ihr erfuhr ich, daß Sie, meine Gnädigste, mich einst als junges Mädchen geliebt haben und sich anläßlich unserer Doppelhochzeit vom Kirchenchor zu stürzen gedachten.

Schauen Sie, hochverehrte Frau Doktor, ich bin heute knapp dreiundsiebzig. Und schwer leidend. Meine Frau ist vor vier Jahren für immer von mir gegangen. Meine Kinder hat mir das Fernweh entzogen. Auch mein seliger Bruder erreichte nur das Alter von neunundsechzig. Seine Frau folgte ihm kurz danach. Und nun, meine Gnädigste, komme ich mit einem sehr großen Anliegen zu Ihnen.

Wenn Sie sich noch an den Gröblhofer Franzl erinnern und noch fühlen, wie sehr Sie ihn einst geliebt haben, dann gedenken Sie jetzt seiner und schicken Sie mir ein paar Ärztemuster Schlafpulver.

Es grüßt Sie ergebenst und mit dem Ausdruck meiner völligen Hochachtung Ihr

Franz Gröblhofer
Eisenwaren en gros en detail
Graz, Jakominiplatz

P. S. Leide auch an Rheumatismus und Blasenschwäche. Vielleicht hätte der Herr Gemahl, den ich leider persönlich nicht die Ehre habe zu kennen, auch da ein Pulverl.

Gröblhofer

Ein kurzer Hut

Wie der Herr Dobschitz gestorben ist, ist sein Hutgeschäft in der Linzergasse aufgelöst worden. Außerdem war er unbeliebt. Wie die Mutti einmal einen Hut bei ihm probiert hat, hat sie nicht gewußt, was sie machen soll. Der Hut hat ihr nicht gefallen, aber der Herr Dobschitz mit seinem Kropf ist daneben gestanden und hat scharf geschaut. Also hat die Mutti gesagt, er soll ihr den Hut mitgeben, sie nimmt ihn. Dann hat sie mich mit dem Hut zum Dobschitz geschickt, und ich habe gesagt: Leider, meine Mutter läßt ausrichten, der Hut paßt nicht. Wie die Mutti dann wieder einen Hut gebraucht hat, ist sie zum Dobschitz gegangen und hat wieder alle Hüte probiert. Sie hat sich nicht entschließen können, weil es beim Dobschitz wirklich keine Auswahl gegeben hat. Zum Weinzierl hat sie aber nicht gehen wollen, weil der Hund vom Weinzierl mit unserem Burschi verfeindet ist. Und wie sie zum Herrn Dobschitz gesagt hat: Ich nehme den Hut mit nach Hause und überlege es mir noch, hat der Herr Dobschitz gesagt: Nix do, der Huat bleibt do! Seither ist sie nie mehr wieder zum Dobschitz gegangen, und inzwischen hat der Herr Weinzierl das Hutmonopol.

Und das war blöd, weil die Mutti schon wieder zu einem Begräbnis gehen mußte, vorigen Herbst. Im Herbst sterben die meisten Leute, und im Herbst kommt man bei einem Begräbnis über einen Hut nicht hinweg, sagt der Papa. Er selbst kann nicht auf die Begräbnisse von seinen Patienten gehen, und die Mutti muß ihn repräsentieren.

Wie die Mutti so vor dem Geschäft HUTMODEN WEINZIERL – IMMER GUT GEKLEIDET, steht, denkt sie an den Wolfshund vom Weinzierl, und daß sie sich eigentlich auch in Linz einen Hut kaufen kann. Sie geht nach Hause und ruft den Wimberger an, ob er sie nach Linz mitnimmt. Der Wimberger sagt, wenn es ihr nichts ausmacht, daß die Frau Pötschl mitfährt, dann nimmt er sie gerne mit. Jetzt ist aber die Mutti, wie jeder in der Stadt weiß, mit dem Pudel von der Frau Pötschl verfeindet, noch vom Sykes (sprich: Saix) her, wie der Sykes noch mit uns in Freistadt gelebt hat. Die Mutti hat sich gewünscht, daß es beim Begräbnis regnet, dann kann sie ein Plastiktuch aufsetzen, und unter dem Regenschirm sieht es keiner. Aber es war ein sehr schöner Herbst, und die Mutti hat gespürt, wie sie wieder Migräne bekommt. Der Papa läßt sich aber auf so etwas nicht ein, besonders, wenn einer der treuesten Patienten gestorben ist, weil zu befürchten ist, daß man seine ganze Verwandtschaft verliert, wenn die Mutti sich nicht beim Begräbnis zeigt. Der Roggenschaub ist an Lungenentzündung gestorben, und die Mutti hat sich gedacht, daß es ein Pech ist, weil der Roggenschaub so oft eine Lungenentzündung gehabt hat, und immer wieder hat ihn der Papa gerettet, so daß es der Frau Roggenschaub schon fast peinlich war wegen der ewigen Belästigungen. Wenn der Papa den Herrn Roggenschaub im letzten Winter nicht mehr gerettet hätte, wäre die Mutti mit der Pelzhaube gut dran gewesen. Aber der Papa hat natürlich auch nicht daran gedacht, daß es im Herbst immer Hutprobleme gibt. Im stillen hat sich die Mutti gewünscht, daß sich der Papa das für die Zukunft wenigstens merkt, und sie hat sich wieder zum Gang vor das Geschäft HUTMODEN WEINZIERL – IMMER GUT GEKLEIDET aufgerafft.

Warum wohnen wir nicht in Linz, hat sie sich wie schon so oft im stillen gefragt. Und sie hat sich halt überhaupt nicht entschließen können, daß sie jetzt demütig zum Weinzierl hineingeht und ihn womöglich noch ausdrücklich bittet, daß er ihr seine Hüte vorführt. Er konnte sich nämlich auch weigern, weil sein Geschäft seit dem Tod vom Herrn Dobschitz floriert. Da kommt es ihm auf einen Hut mehr oder weniger, den er verkauft, auch nicht mehr an. Und wie sie so überlegt, schlägt die Kirchenuhr viermal. Sie hat sich gewundert, wo der Herr Weinzierl so lange bleibt. Um diese Zeit ist er doch mit seinem Wolfshund unterwegs zur Promenade, hat sie gedacht, und die Frau Weinzierl übernimmt inzwischen die Geschäftsführung. Dann ist der Mutti eingefallen, daß die Frau Weinzierl auf Gesellschaftsreise nach Paris war, und der Herr Weinzierl kann also sein Geschäft nicht verlassen, und der arme Hund muß sein Wasser zurückhalten. Die Mutti hat sich gedacht, also wenn der Weinzierl noch ein einziges Mal etwas gegen den Fausti oder gegen unsere ganze Familie sagt, dann zeige ich ihn an! Auf einmal geht die Tür unter dem eisernen Zylinder auf, der Herr Weinzierl und der Wolfshund kommen heraus, und der Herr Weinzierl grüßt natürlich nicht, obwohl er die Mutti gesehen hat. Er zerrt immer so fest an der Leine von dem Hund, daß der arme Hund fast gewürgt wird. Herr Weinzierl, hat die Mutti gefragt, warum halten Sie eigentlich dieses arme Tier immer so grob? Das tut ihm weh! Stecken Sie Ihnen Ihnere Ratschläge aufn Hut, hat der Herr Weinzierl gebrummt. Das wäre ein idealer Anknüpfungspunkt gewesen. Auf den Hut? Ja, auf was für einen denn? Vielleicht zeigen Sie mir einmal ein paar von Ihren Hüten?

Aber zu spät. Der Herr Weinzierl ist schon die Pfarrgasse hinunter gegangen. Die Mutti wäre am liebsten in das Geschäft eingebrochen. Aber dann hat sie die Faltlhansl angerufen.

Die Faltlhansl ist gleich mit einer Schachtel voller Perücken gekommen. Sie hat Perücken in allen Farben für verschiedene Anlässe. Eine graue für Begräbnisse, eine schwarze zum nach Linz Fahren, eine grüne für den Jägerball, eine silberne für Hochzeiten und Schulfeiern, und eine rote, aber da sagt sie nicht, für was.

Die Mutti hat die graue gewählt, aber nur aus Höflichkeit. Gleich wie die Faltlhansl fort war, hat sie mich mit der Perücke in die Putzerei geschickt, weil Flöhe drin waren. Sie ist immer verzweifelter geworden. Um fünf hat sie mich kurz entschlossen zum Weinzierl kommandiert, und der hat mir lauter steife Hüte in Hutschachteln gepackt. Die Mutti hat den teuersten genommen, damit sich der Herr Weinzierl gedemütigt fühlt, und sie ist aufs Begräbnis vom Herrn Roggenschaub gegangen, was sehr schön war, sie hat gesagt, es hat ihr nicht leid getan, und noch am selben Abend haben wir im Schlafzimmer im Bett vom Papa den Hut vom Weinzierl gefunden, ganz zerbissen und voller Speichel, und der Burschi hat sich schuldbewußt unterm Klavier versteckt. Es geht in einer Hundeseele mehr vor, als ein gewöhnlicher Mensch wahrhaben wollte, hat die Mutti gesagt, und wir haben alle gerufen: Brav, Burschi, brav! Dann ist der Papa gekommen, und die Mutti hat sich schnell auf den Hut gesetzt, und wie er fort war, haben wir den Hut kleinweise vernichtet, jedes Stück in einen anderen Papierkorb, bis man nichts mehr gemerkt hat.

Nestwärme

Wenn man in Linz leben würde, wäre vieles anders. In so einer Kleinstadt ist man ja kein freier Mensch! Obwohl du in Linz natürlich auch nicht anonym bist. Aber es ist doch ein Unterschied! Schon einmal die größere Auswahl, wenn du etwas kaufst. Wenn ich in Linz in ein Geschäft geh, muß ich nicht unbedingt alles nehmen. Mach das einmal bei uns! Ich sag oft zum Leopold: Leopold, sag ich, wenn ich zum Deschka geh, komm ich mit einer Krawatte heraus, ob sie dir jetzt gefällt oder nicht. Die Deschka sind unsere letzten Privatpatienten. Also muß ich, wenn mir die Deschka etwas andreht, gute Miene machen. Ich sag oft zum Poldi: Bubi, sag ich, wenn du mit dem Studium fertig bist, bleib in Wien. Oder geh nach Graz. Oder meinetwegen nach Linz. Aber ja nicht in eine Kleinstadt! Auch wenn der Vati meint, was hier fehlt, ist ein Augenarzt. Eine Augenpraxis wäre eine Goldgrube. Nein, Bubi, sag ich, lieber weniger verdienen am Anfang, und auf keinen Fall die Praxis daheim übernehmen. Sicher, der Vati leidet. Aber wenn er einmal in Pension geht, kann er die Ordination ja verkaufen. Irgendein Weg wird sich schon finden. Und der Vati sagt ja selbst: Wenn ich gewußt hätte! Nur, nach dem Krieg hat man es sich nicht aussuchen können. Und unser Fehler war, daß wir das Haus gebaut haben. Ein goldener Käfig, wie der Leopold so treffend sagt. Aber auch ein Haus läßt sich verkaufen! *Alles* läßt sich regeln, wenn man fortziehen will. Und der Leopold redet ja manchmal vom Fortgehen und alles liegenlassen und neu anfangen. Vielleicht nach Tirol, sagt er. Tirol ist ein schönes Bundesland. Wenn nur die Tiroler nicht wären, sagt er. Leopold, man kann sich an jeden Dialekt gewöhnen, sag ich, und zum Schifahren hast du dort jede Gelegenheit. Vielleicht auch zum Reiten. Und dein geliebtes Segelfliegen! Und ein Katzensprung zum Gardasee! Oder München. Salzburg! Salzburg wäre sowieso immer mein Traum gewesen. Salzburg, Rio de Janeiro und Neapel, die drei schönsten Städte der Welt, laut Goethe. Und überhaupt kulturell! Vom Brucknerhaus in Linz haben wir uns ja auch, offen gestanden, ein bisserl mehr erwartet. Salzburg war eigentlich immer meine heimliche Sehnsucht. Und wenn ich in Linz ein wirklich fesches Trachtendirndl erwisch, kommt es mit tödlicher Sicherheit aus Salzburg. Nur, in Salzburg kennt auch jeder jeden, habe ich mir von der Cermak sagen lassen, ab einen bestimmten Niveau, wenn man in unsere Kreise gehört, zum Beispiel, da fängt es schon an. Aber mir geht es ja auch gar nicht um Salzburg. Es geht einfach darum, daß man vielleicht doch eines Tages seinen Mut zusammennimmt und wegzieht von hier. Vielleicht, wenn der Leopold in Pension ist. Und dort, wo ein neuer Anfang möglich ist, läßt man sich nieder. Finanziell wäre es ohne weiteres drin. Und jung genug sind wir auch. Für ein Leben mehr im Ländlichen, wo man ein Haus allein hat für sich, irgendwo auf einem Hügel, mit einer schönen Aussicht, ist man nie zu alt. Und der Leopold ist vital, klopf aufs Holz! Nein, nein, bei uns ist noch *alles* drin. Aber hier bleiben für immer und ewig? Wo steht es, bitte, geschrieben, daß man nicht auch in einem Reifestadium, wie wir jetzt uns befinden, von einer Stadt in eine andere in einem anderen Bundesland oder ganz ins Ländliche ziehen darf? So ein guter Arzt, wie der Leopold ist, findet er überall Patienten. Wollen wir vielleicht am Ende noch auf unserm schönen Friedhof da begraben sein, wo sie eh den letzten Baum weggerissen haben und man nicht weiß, warum, und es nur eine Erklärung gibt, nämlich, daß sie zu blöd sind, einen ordentlichen Gärtner zu finden, der diesen Friedhof, der einmal so herrlich bewachsen war, in seiner Herrlichkeit gepflegt hätte. Auf *diesem* Friedhof möchte ich einst nicht liegen, hab ich dem Leopold gesagt. Und nicht nur die Beamten sind blöd, sondern allgemein der ganze Pöbel. Misera plebs, wie der Leopold manchmal selber sagt. Und er versteht, warum sich die Ritter früher die Burgen hoch hinauf gebaut haben. Ein Schloß in Tirol! Vielleicht finden wir etwas Kleines! Oder kann auch Kärnten sein. Oder sonst halt ein Haus. Nur: weg von da, wo man sich dauernd beobachtet fühlt und man dauernd gezwungen ist, Rücksicht zu nehmen, damit nur ja niemand redet oder sich vor den Kopf gestoßen fühlt. Von so einem Leben hat man ja nichts. Die paar Stunden, die der Leopold auf seinem Hochstand verbringt oder am Fischwasser ... Das und die gute Lektüre, das sind seine einzigen Freuden. Und unsere Hoffnung auf den Poldi. Aber dann ist es auch schon vorbei. Und was uns noch bevorsteht, weiß er gar nicht! So leid, wie dieser Mensch mir tut! Jeden Tag seit vorigem Mittwoch, wenn wir beim Frühstück sitzen, denk ich mir: Jetzt! Aber dann seh ich, wie er seinen Tee genießt und sagt: Nichts geht über Twinings! Da bring ich es einfach nicht übers Herz, und er muß mir gestern schon etwas angemerkt haben, weil er fragt, ob es Neuigkeiten gibt von der Gisi. Schaut mich aber Gott sei Dank nicht an, wie er das fragt. Wenn er seinen Tee trinkt, ist er immer mehr in sich gekehrt. Nein,

nein, sag ich, gar nichts. Wir dürfen nur hoffen, sagt er noch, daß sie inzwischen begriffen hat, worauf es im Leben ankommt. Ja, ja, sag ich, der letzte Brief war ja ziemlich positiv. Wo doch heut ein jeder Trottel schon die Matura hat, sagt er. Sicher, sag ich. Und gekostet hat uns dieses Internat ja wohl schon genug! Ja, sag ich, da werden sie den Lateinprofessor schon bewegen, daß er ein Auge zudrückt, und den in Mathematik auch. Wo Mathematik und Latein ja sicher nicht ausschlaggebend sein werden für unsere Gisi, sage ich. Aber Matura, sagt er, Matura braucht eine Frau heute. Und um so mehr, wenn sie dumm ist! Eine Frau ohne Matura, sagt er ... Bitte, fang nicht wieder an, sag ich, sonst belege ich einen Fernkurs, aber dann nimm dir auch bitte eine Wirtschafterin! Eine Wirtschafterin können wir uns nicht leisten, sagt er, solange unsere Tochter von einer Schule in die andere geschickt werden muß. Mein Gott, denk ich mir da, wie sag ich es dir nur!? Und weil ich mich so gut in ihn hineindenken kann, tut er mir wieder so wahnsinnig leid.

Man nimmt alles viel zu tragisch. Wenn sich später der Sturm gelegt hat, lacht man darüber. Trotzdem! Was für Ängste man durchzustehen hat. Weil einem ja der Mann leid tut. Stolz wollen sie sein auf ihre Kinder, die Männer. Da sind sie alle gleich. Und wenn sie nicht stolz sein können, wollen sie gar nichts mehr von den Kindern wissen. Als Frau ist man irgendwie weicher. Man liebt seine Kinder, ob sie einem jetzt weh tun oder einen enttäuschen. Als Mutter kann man gar nicht anders. Mami, ich bring mich um, hat sie gesagt. Das arme Kind! Und erst der Leopold. Wenn da etwas passiert wäre! Man darf gar nicht daran denken. Und daß sie so lange nichts gesagt hat, war halt erschwerend. Im zweiten Monat oder im dritten, sogar im vierten hätte man noch etwas unternehmen können. Aber sie hat sich eben gefürchtet. Schlafen hat sie nicht mehr können, in der Nacht hat sie sich auf den Bauch geboxt, damit das Kind stirbt. Dann hat sie Angst gehabt, es wird ein Krüppel, weil sie es so geschlagen hat im Mutterleib. *Arm* war sie, die Gisi! Und jede Nacht wäre sie am liebsten eingeschlafen, um nicht mehr aufzuwachen! Oben auf dem Dachboden ist sie gestanden, hat sie gesagt, und hat überlegt, ob sie sich nicht ganz schnell durch die Luke stürzen soll. Und ich, ahnungslos, schimpfe noch mit ihr wegen der Schule. Daß ihr Vater sie nicht mehr mag, hab ich gesagt, wenn sie nicht ordentlich anzieht. Daß der Vati sich geniert für sie. Weiß Gott, was ich noch alles gesagt hab zu ihr, was einen halt so entgleitet im Affekt. Aber jetzt ist das Butzerl da, und sie ist verheiratet und alles in bester Ordnung. Nur, aufgeklärt war sie doch?

Und wenn sie das Kind nicht gewollt hätte? Ich weiß es nicht ... Einerseits, denk ich mir, hat sie das Kind sicher gewollt. Welche Mutter will ihr Kind *nicht?* Anderseits hat sie sich vor ihrem Vater gefürchtet. Der Leopold, das muß ich ganz ehrlich sagen, hätte nicht das Herz gehabt, bei seiner eigenen Tochter einen Eingriff vorzunehmen. Er ist ein Idealist. Und die Gisi wiederum behauptet, sie hat gar nichts gewußt. Erst wie sich das Kind bewegt hat. Ja, manchmal glaub ich wirklich selber, daß sie ein bisserl dumm ist. Oder naiv. Halt *sehr* naiv. Und dann ist es passiert. Drei Wochen nach der Überzeit kriegt sie die Regel, wie sie meint. Aber es war eine Scheinblutung! Was sie natürlich nicht wissen kann, weil es mir halt auch irgendwie widerstrebt, mit einem Kind über alle diese Sachen zu reden. Ich bin da zu romantisch. Ein bisserl Romantik muß man sich bewahren. Gerade heute. Und in der Schule werden diese Dinge ja behandelt. Ich mag jedenfalls nicht darüber reden. Wenn man darüber redet, wird es häßlich. Das ist wie mit dem Sehen. Wenn ich den Leopold so anschau, nackt. Ich weiß nicht ... Ein nackter Mann ist nicht schön. Auf die inneren Werte kommt es an. Und die höheren Ideale. Das ist ja auch ein bisserl ein Problem jetzt mit dem – leider – Schwiegersohn. Wir hätten bestimmt einen anderen für sie ausgesucht. Aber der Leopold sagt, wichtig ist, daß das Kind einen Vater hat. So modern sind die Zeiten auch wieder nicht, daß man da einfach darüber hinweggeht. Und der Bursche ist ja soweit in Ordnung. Der Leopold sagt, Erbkrankheiten müssen wir keine befürchten. Er kommt aus einem bescheidenen Elternhaus, aber die Leute sind gesund. Und der Bursche wird sich schon hinaufarbeiten. Holzfachmann oder so, etwas mit Industrie jedenfalls, und der Leopold sagt, wenn er auch keine Matura hat, so ist es ja ein anderer Weg, den die gehen, die gleich eingeschult werden auf die Wirtschaft und so. Außerdem: der Charakter ist das wichtigste. Und der Leopold sagt, er ist anständig, er hat unsere Tochter zwar in Schwierigkeiten gebracht, aber die gute Gisela war ja auch nicht vollkommen unbeteiligt. Und der Bursche hat die Konsequenzen gezogen. Lieber hab ich eine Tochter, die mir sowas antut, als daß dem Poldi etwas in dieser Art passiert! Fesch, wie er ist. Es gibt ja genug Studentinnen, die nur studieren, damit sie sich einen Akademiker fangen. Und das Kind ist ein Bub. Auch ein Glück. Und Hauptsache, der Leopold hat es überstanden. Schau, hab ich zur Gisi gesagt, schimpfen tu ich nicht mit dir, weil du deine Strafe schon hast. Mami, hat sie gesagt, ich bin ja so froh, daß der Vati das überlebt hat. Und geniert hat sie sich vor dem Poldi! Wie Geschwister so sind. Sicher, ich hab den Bubi immer ein bisserl verwöhnt. Ein Sohn ist halt ein Sohn. Da hilft alles nichts. Zur Tochter hat man dafür die engere Bindung. Und der Poldi ist halt dem Leopold seine einzige Hoffnung. Ein Mann *braucht* einen Sohn. Aber eifersüchtig war die Gisi nie! Im Gegenteil. Schon als kleines Kind hat sie alles ihrem Bruder geschenkt. Gisibisi, sag ich, merkst du denn nicht, daß er dich ausnützt? Aber sie ist wie ich. Immer nur geben. Ich glaub, der Leopold weiß oft gar nicht, ws er an mir hat. Weil es solche Tage gibt, wo man von seinem Mann ja nur Grobheiten einstecken darf! Aber er ist der Mensch, zu dem ich aufblicken kann. Mein Gott, wie verliebt man war! Das ist halt schade, daß man solche Gefühle nicht mehr erleben kann …

Lieb ist er! Herzig. Und so brav. Man möchte es nicht glauben, was für ein gutmütiges Kind das ist. Nein, nicht schreien jetzt! Na, was ist denn mit dir? Nicht den Opa aufwecken, du Hascherl, du patschertes. Ich bin ja bei dir. Deine Omi ist ja da! Die Omi wird dir gleich das Flascherl bringen. Weil du einen Hunger hast, du Zwergerl, du armes, gelt? Ja, brav bist du. Alles verstehst du schon, gelt. Und schaust so intelligent aus. Der Leopold sagt es auch. Nicht, weil es sein Enkerl ist, aber er hat einen intelligenten Blick. Auch die Kopfform ist ausdrucksvoll. Ich finde überhaupt, er schaut ganz dem Leopold ähnlich. Ein Wunder, daß er nicht aufgewacht ist. Ich hab immer Angst, wenn der Kleine schreit. Weil der Leopold ja so notwendig seinen Mittagsschlaf braucht. Vier schwere Grippen hat er jetzt und drei Karzinome. Und er, immer so gewissenhaft. Ich sag oft zu ihm: Du, sag ich, wenn alle Ärzte so wären wie du, dann täte es anders ausschauen auf der Welt. Beim Buben machen wir uns direkt Sorgen. Er zeigt so wenig Idealismus. Wenn ich fertig bin, sagt er, mach ich den Facharzt, der das meiste einbringt. Was, ist ihm gleich. Hauptsache, er kann sich dann alles leisten. Sicher, das ist auch eine Einstellung. Unrecht hat er nicht. Und der Leopold sagt, immer noch besser, als wenn er sich von den Patienten ausnützen läßt. Was kriegt man denn heute für einen Krankenschein? Naja, und der Bub hat die Neigung zum Beruf, und gleichzeitig bleibt er auf dem Boden der Tatsachen. Das ist eine vernünftige Mischung. Nur die Gisi. Das ist und bleibt unser Sorgenkind. Ich glaube, ich muß da etwas unternehmen. Der Leopold sagt, sie soll dort bleiben, bis man festgestellt hat, was los ist mit ihr. Aber mir läßt es keine Ruhe. Als Mutter leidet man mit. Und der Leopold meint, es war eine Stillpsychose. Es war halt zuviel für sie. Der

Kerl hat sie nach Strich und Faden ausgenützt. Die Mitgift, die war ihm gerade recht. Aber kann man das eine Ehe nennen? Nie daheim, die Frau mit dem Kind sich selbst überlassen, und ihr vorwerfen, daß sie ihn hineingelegt hat? Mein Gott, hab ich einen Haß auf diesen Menschen. Aber was will man. Wenn einer aus dem Hilfsarbeitermilieu kommt, darf man nichts anderes erwarten, sagt der Leopold. Deswegen haben wir auch die Scheidungsklage eingereicht. Aus dem zweiten Stock springen! Der Leopold sagt, sie war nervlich überreizt. Der Kerl verständigt leider nicht uns, sondern die Polizei! Ein Glück, daß sich das alles in Wien abgespielt hat. Leopold, sag ich, holen wir die Gisi nach Hause! Dort wird sie uns ja erst richtig krank. Bedenke doch die Zustände in den Nervenkliniken! Aber er meint, wir können jetzt die Verantwortung nicht übernehmen. Und die Leute würden ja reden, wie das so ist in so einem Nest. Gelt, du armes Hascherl. Mit dir muß ich jetzt gnz alleine fertig werden. Wie der Kerl dich gebracht hat! Total unterernährt. Eine Frechheit, einem ein Kind in so einem Zustand zu bringen, hat der Leopold gesagt. Aber jetzt schaust du gut aus, gelt? Weil ich dafür sorge, daß du wieder zu Kräften kommst. Was glaubst, wie ich dich mag, du kleiner Kasper. Und lachen tust auch schon im Schlaf. Weil du weißt, es geht dir gut, gelt? Sowas spürt ein Kind und sowas braucht ein Kind, die Nestwärme!

Wenn der Kleine nicht da ist, hab ich halt mehr Ruhe im Haus. Man möchte es nicht glauben, wie der alles auf den Kopf stellt. Und der Leopold macht halt keine Visiten mehr ohne seinen Maxi. Und der Bub hängt an seinem Opa, das kann man sich nicht vorstellen. Opa, Opa. Schon in aller Herrgottsfrüh kommt er aus seinem Betterl gekraxelt und legt sich zu uns. Naja, und der Leopold ...! Wenn er noch so müde ist, der Maxi darf halt alles. Zwickt ihn in die Nase, kratzt ihn auf der Glatze, versteckt sich unter seiner Tuchent ...! Hygienisch ist es ja nicht, aber es ist eben eine Affenliebe, die mein Mann zu unserem Bauxerl hat. Opa, Opa, Opa ...! Und alles kann er haben von seinem Opa. Er ist ja wirklich ein selten liebes Kind. Nicht, weil wir die Großeltern sind, aber der Maxi ist wirklich das schönste Kind in der Stadt. Alle Leute sagen es. Und durch dieses Kind ist es mit dem Leopold auch viel besser geworden. Er hat ja sehr gelitten, wie der Poldi gesagt hat, die Medizin hat ihn nie interessiert. Gleich, nachdem das Unglück mit unserer geliebten Tochter passiert ist. Keine zwei Tage war sie unter der Erde, und der Poldi schmeißt alles hin. Daß wir unsere

Tochter in den Selbstmord getrieben haben, behauptet er. Was mein Leopold gelitten hat, das kann ich niemandem beschreiben. Und wenn wir das Kinderl nicht gehabt hätten, dieses schuldlose Wesen, das uns gebraucht hat ... Ich weiß nicht, was passiert wäre. Vielleicht wären wir zusammen in den Tod gegangen. Und der Poldi schließt sich einer Revoluzzerbande an. Eine Katastrophe. Aber jetzt hat der Leopold eben das Kind, und wir leben nur für das Kind. Wenn wir uns den Maxi so anschauen am Abend, wie er schläft, engelsrein und rosig und mit seinem lieben kleinen Stumpfnaserl, dann sagt der Leopold, wir müssen dem Herrgott danken für dieses Geschenk, und wer weiß, vielleicht studiert der Maxi einmal Medizin.

Zwei Herren aus dem Morgenland

Beim Greutler ist es immer bummvoll. Das Lebensmittelgeschäft am Hauptplatz, neben der Trafik, Sie kennen es vielleicht. Beim Greutler wird man persönlich bedient von der ganzen Familie, die das Geschäft innehat seit Generationen. Ja, das kann man sagen. Schon der Urgroßvater, 1861–1919, hat auch in der Lebensmittelbranche gewirkt und, selbstredend, persönlich. Zucker und Grieß, Mehl etc., damals IGNAZ GREUTLER & SÖHNE, KOLONIALWAREN UND SPEZEREIEN. Auch Stoffe und Nähnadeln, Spagat, sogar Schuhe und Bürsten. Heute könnte man fast sagen, es sind Delikatessen, was man beim Greutler bekommt, und es sind Johann und Dora Greutler nebst deren Kindern Martina, Claudia und Johann, der ist besonders gefällig, und alle tüchtig und freundlich und immer bereit. Und flink. Weil das Geschäft, wie gesagt, immer voll ist. Da wird man auch leicht übersehen, wenn man klein ist und ein Türk und nicht Deutsch kann, wie der, der jetzt draußen in der Möbelfabrik arbeitet. Öl, sagt er. Wer soll das verstehen? Die

Greutler nimmt immer wieder neu hinzugekommene Kundschaften dran. Öl, sagt der Türk. Stinken tut er wahrscheinlich auch. Frau Amtsrat bitte wünschen? Der Herr war vor mir, glaube ich, sagt sie. Die Freu Greutler ist perplex. Sie hat keinen Herrn gesehen. Aber dann gibt sie sich einen Ruck. Was willst denn du? Öl. Was? Öl, Öl. Sie knallt ihm die Flasche auf den Ladentisch. Und reißt ihm den Hunderter aus der braunen Hand. Öl, sagt der Türk und: Öl. Hast ja eh! Vielleicht will er zwei, sagt die Frau Amtsrat. Die Greutler knallt eine zweite Osolio auf den Tisch. Und dazu das Retourgeld. Bitte, sagt der Türk. Er zeigt auf die zwei Flaschen. Eine Nylontasche will er vielleicht, sagt die Frau Amtsrat. Die Greutler sucht lange unter den Nylonsackerln, bis sie ein gebrauchtes findet. Einen Schilling, sagt sie. Bevor der Türk unter den Münzen in seiner Hand den Schilling herausgefunden hat, hat ihn die Greutler schon genommen und in die Kassa geworfen. Die Frau Amtsrat sieht dem Türken nach, wie er aus dem Geschäft geht. Sie hat gehört, daß es zwei sind da draußen in der Fabrik, der andere ein bißchen jünger. Der weint so viel, daß er nicht arbeiten kann und im Bett liegen muß. Vom Arzt bekommt er Antidepressiva, und der ältere Türk sitzt jeden Abend bei ihm und redet auf türkisch auf ihn ein. Die Courage müßte man haben, daß man jetzt zur Greutler sagt: Sie, Sie singen so scheinheilig im Kirchenchor! Und bei Ihnen kaufe ich nichts mehr ein! Aber dann läßt sich die Frau Amtsrat von der Frau Greutler alle Wünsche erfüllen, wie immer.

Frau Amtsrat lebt unbescheiden

Wenn sie nach dem Mittagessen neben ihrem Mann sitzt, bekommt sie Herzschmerzen. Ein starkes Ziehen dort, wo das Herz ist, oder vielleicht die Lunge. Sie kennt sich nicht so aus im Organischen, aber sie spürt, wie es zieht und wie ihr Atem laut wird, fast ein Seufzen, und immer schneller. Ihr Mann hört nichts. Er hat das Geschirr abgewaschen und die Küche gereinigt. Das tut er aus Gefälligkeit. Er macht es auch gern, weil er nach dem Essen Bewegung braucht. Heimsport, sagt er. Fast zwanzig Jahre sind sie schon verheiratet. Nie hat er sie belogen, soviel sie weiß, und nie hat er sie betrogen, soviel sie weiß. Er ist ein guter Mann, und sie führen ein ruhiges Leben. So ruhig, daß sie in letzter Zeit immer öfter ihren eigenen Atem hört. Er hat sie wegen der Herzschmerzen schon zum Arzt geschickt, aber sie war ohne Befund. Und sie glaubt, daß es nur die Liebe ist. Er hat sich daran gewöhnt, sie neben sich zu haben, wenn er nach Hause kommt. Es genügt ihm, daß sie da ist. Aber sie liebt ihn. Und wenn er am Sonntagnachmittag in Unterhosen dasitzt, eine

Steckdose repariert, hin und wieder einen Blick auf den Fernsehschirm wirft, dann sitzt sie ihm gegenüber und bestaunt glücklich dieses Wunder. Den Flaum auf seiner Brust, die noch vom Sommer gebräunten Arme, die nackten Schenkel. So viel Kraft, denkt sie, wenn er will. Aber er will nicht. Das ist ja nicht das Entscheidende, sagt er, das Leben besteht doch aus mehr als dem, man muß ja nicht immer – Was, fragt sie. Da schaut er sie nur traurig an. Sprich es aus, bittet sie. Du verstehst mich auch so, sagt er. Nein, ich verstehe dich nicht, sagt sie, ich verstehe nicht, warum wir uns nur einmal in der Woche lieben, warum du nicht mehr zärtlich bist, warum du mich nicht mehr liebst! Und immer, wenn sie das gesagt hat, streichelt er ihre Wange, so sanft, daß sie spürt, wie sehr er sie liebt und braucht, und er streichelt die Wange so lange, bis sie wieder spürt, daß er nur das braucht, und wenn er seine Hand zurückzieht, weiß sie, daß diese Hand erst in sechs, sieben Tagen wiederkommen wird. Und er weiß nicht, daß sie jeden Vormittag das Spiel mit dem Koffer spielt. Kleider aus dem Schrank, Koffer aus dem Abstellraum, aufs Ehebett legen, packen. Es hat sich einiges angesammelt in den vielen Jahren, sie wird seinen schwarzen Lederkoffer dazunehmen müssen, damit alles verstaut werden kann. Das Bild vom Hochzeitstag wird sie zertrümmern. Sie hat es nie leiden können. Er lacht so unbekümmert, während ihr Gesicht darauf so ernst ist. Als sie das Bild zum erstenmal gesehen hat, ist sie erschrocken, und sie hat nicht gewußt, warum. Heute denkt sie, daß unter dem Bild geschrieben stehen müßte: Meine Frau denkt zuviel, darum geht es ihr schlecht. Wenn das Bild in Gedanken zertrümmert ist und der Koffer gepackt, packt sie wieder aus, legt alles an seinen Platz zurück und hat es eilig, mit den Vorbereitungen fürs Mittagessen anzufangen. Er kommt heim, ein flüchtiger Kuß, eine Berührung, sie gehört zum Mobiliar. Sie weiß nicht, wann es angefangen hat, dieses laute Atmen. Eine Leidenschaft kann man nicht auf zwanzig Ehejahre ausdehnen, hat er ihr einmal gesagt. Wenn das Fernsehprogramm abgelaufen ist, bettet er sich zurecht und greift nach ihrem Bauch, um sie an sich zu ziehen in seine Magengrube. Aber sie muß sich freimachen, weil sie soviel Berührung nicht ertragen kann, wenn es keine Nähe gibt. Da steht sie dann nachts oft auf und geht in ein anderes Zimmer, um nicht allein zu sein. Es ist doch alles in Ordnung, sagt er, wenn sie weint. Einmal hat sie ihn gefragt, ob er es für richtig hält, wenn Menschen immer wieder ihr Leben für die Freiheit geben. Und ob man nicht ebenso für eine andere schöne Idee sterben könnte, zum Beispiel die Idee des Glücks. Welchen Glücks, hat er gefragt, und sein Gesicht war ganz groß vor ihr, die gefurchte Oberlippe, der verschlossene, trotzige Mund, die Augen, die sie nicht wahrnehmen. Du bist unbescheiden, hat er geantwortet, und ab nächster Woche wird sie zweimal wöchentlich zu einem Nervenarzt nach Linz fahren, der Amtsrat besteht darauf, daß dieser bei jedem Anlaß grundlos weinenden Frau geholfen werden muß.

Eine große Enttäuschung

Die Frühwirth-Ansch hat immer so geheißen, die Ansch, und rote Haare, und eine, naja, das weiß ohnehin jeder, was die Frühwirth-Ansch ist. Und jetzt liegt sie im Koma, nach einem Verkehrsunfall auf der Linzerstraße. Einer ist ihr in den Volkswagen hineingefahren, von rechts kommend, aber die Frühwirth-Ansch war im Vorrang. Und jetzt ist es fraglich, ob sie überleben wird. Sie liegt auf der Intensivstation. In akuter Lebensgefahr.

Das paßt so wenig zu ihr wie die Großmutter. Nämlich, wenn manchmal die Rede war von der Ansch ihrer Großmutter, dann hat das so komisch geklungen wie des Teufels Großmutter. Daß der Teufel eine Großmutter haben soll, das ist ja eine merkwürdige Erfindung. Und die Frühwirth-Ansch, die war so ein sagen wir seltsames Wesen, daß man sich keine Großmutter und auch keine Mutter zu ihr vorstellen hat können, im Grunde genommen. Sie war ein Begriff für sich und gewissermaßen eine Institution. Keine, auf die man stolz sein könnte. Aber doch irgendwie ein Wahrzeichen von unserer Stadt, so wie das Riesenrad zu

Wien gehört. Aber bei uns ein Wahrzeichen im negativen Sinn. Man darf es ruhig aussprechen: die Ansch ist in sämtliche Ehen eingebrochen und hat, auch das kann man ruhig behaupten, mit jedem zweiten oder dritten, der ihr ein Glas Wein gezahlt hat, ihr Unwesen getrieben.

Und jetzt liegt sie im Sterben. Es ist alles so unglaublich und furchtbar. Weil uns jetzt zum erstenmal bewußt wird, daß sie ein Mensch ist. Nicht ein Mensch im Sinn von das Frühwirth-Mensch, wie man gesagt hat früher, wie sie noch kleiner war und mit Zöpfen und nicht mit offenem Haar, wie in den letzten Jahren. Sie ist wirklich die erste gewesen mit roten, offenen Haaren. Rein optisch nicht unangenehm. Und dieser junge Mensch soll also sterben.

Alle haben ihr unrecht getan. Weil man einen jungen Menschen nicht verurteilen soll.

Weiß man denn und bedenkt man überhaupt, woher manche solche Menschen kommen? Wo soll sie es denn gelernt haben, was die anderen jungen Menscher in der Stadt längst wissen, über die Grenzen des Anstands und so? Warum hat sich denn nie jemand gekümmert um die Ansch, das sie eine Annemarie wird oder eine Anneli bleibt, wie die anderen Mädel?

Der Kellerbauer Franzl hat es als erster gewußt, weil er den Unfall gesehen hat draußen am Weihteich. Und dann sind gleich ein paar Leute nach Linz ins Unfallkrankenhaus gefahren, um es genauer zu wissen.

Wo es sich dann herausgestellt hat, daß die, die im Koma liegt, eine Welserin ist, die keiner kennt. Sie wollte in die Tschechoslowakei fahren. Auch mit so einem roten VW, wie ihn die Frühwirth hat.

Und das Luder sitzt schon wieder im Kaffeehaus.

Auf der Promenade
sitzt a feiner Herr,
hat an Schokolade,
gibt ka Bröckerl her!

Das ist nicht wahr. Das haben wir nur gesungen. Auch:

Freistadt liegt am Frauenteich,
juppheidi! Juppheida!
Rundherum liegt Österreich,
juppheidi, heida!

Und daß da Bäume sind und dazwischen Zwischenräume. Obwohl, ein paar Kastanienbäume hat der Blitz gespalten, und sie mußten umgeschnitten werden. Den hölzernen Musikpavillon haben sie weggerissen, und überhaupt ist die Promenade nicht mehr das, was sie einmal war, weil sie immerzu verschönert und noch mehr verschönert wird.

Auf der Bank gegenüber dem Brauhaus sind der Schober und die Schoberin gesessen, jeden Nachmittag, wenn es warm war, immer nebeneinander. Keiner hat je den Schober ohne die Schoberin gesehen, außer sie ist Milch holen gegangen. Über achtzig Jahre waren sie und haben auf den Tod gewartet. Aber der liebe Gott holte sich den Schober mit einem Schlag ins Gehirn. Jetzt sitzt die Schoberin allein auf der Bank. Die Mütter mit ihren Kindern machen einen Umweg hinter der Bank vorbei und spazieren erst in zehn Meter Entfernung wieder auf der Promenade weiter, weil die Schoberin jedem, der vorbeikommt, laut erzählt, wie es gewesen ist mit dem Schober, wie sie jung waren, daß er sie mit Küssen zugedeckt hat, am ganzen Körper.

Wer grüßt wen zuerst? Das ist ein echtes Problem. Die Frau Professor Nebenführ zum Beispiel, die ist kurzsichtig und setzt keine Brille auf. Inzwischen muß man sie eigentlich mit Frau Oberstudienrat titulieren, weil der Mann vom Unterrichtsministerium den Ernennungsbescheid bekommen hat. Aber irgendwie widerstrebt es einem. Sie macht immer so schnelle, große Schritte und mit dem Oberkörper voran, und das Gesicht ganz verkniffen unterm Steirerhut, da grüßt man sie freundlich, und sie grüßt zurück, wenn sie einen guten Tag hat, aber es gibt Tage, da braust sie an einem vorbei, daß man sich wirklich fragt, ob man ihr die Ehre antun soll. Oder der Herr Hauptschuldirektor, dem ist sein neues Amt in den Kopf gestiegen, anscheinend. Er schreitet hocherhobenen Hauptes eingehängt in seine dünne Frau über die Promenade, beim Böhmertor beginnend im Uhrzeigersinn, und so arrogant, wie der geworden ist, hat er zu seinem fünfzigsten Geburtstag eine Ankündigung geschickt, gerade, daß er nicht geschrieben hat, Seine Majestät, Herr Professor Doktor und so weiter, aber: Ich, hat er geschrieben, und alles aufgezählt, was er bis jetzt gewesen ist und was er heute ist, und daß er jetzt Geburtstag feiert. Dabei war es gar nicht sicher, daß er Hauptschuldirektor wird. Es hat sich nämlich noch ein anderer beworben, und der Herr Oberstudienrat Nebenführ hat im privaten Kreis gesagt, wenn es der wird, wird es ein Narrenhaus, und wenn es der andere wird, wird es ein Zuchthaus. Und die Hauptschule ist zwar kein Zuchthaus geworden im buchstäblichen Sinn, aber es herrscht jetzt ein anderer Ton da drinnen, und alle, die ihre Kinder in der Hauptschule haben, müssen ihn grüßen, schon aus rein diplomatischen Gründen. Er ist ein Widder und hat sieben Kinder, davon sind vier Widder und drei Stiere, und man kann sagen, das Durchschlagskräftige liegt in der Familie. Die Frau Hauptschuldirektor ist Fische und man sieht es ihr an.

Die Frau Hrachowina hätte einmal die Chance gehabt zu einem Geliebten. Schöne Briefe hat er ihr geschrieben, aus Amstetten, in gestochener Schrift, ganz akkurat, auf Büttenpapier, mit Sondermarken, weil ja der Neffe sammelt, und das hat er sich gemerkt, schon von der ersten Begegnung her, wie sie sich in Mariazell kennengelernt haben. Dort war übrigens gerade eine Hochzeit, und alles insgesamt sehr vielversprechend. Wenn der Amstettner dann zu Besuch gekommen ist, sind sie zusammen über die Promenade spazierengegangen, ganz gleich, was die Leute reden, und einmal hat er gesagt: Heute nacht oder nie! Aber sie hat es hinausgeschoben, denn viel lieber hat sie sich mit ihm ausgesprochen über die Schlechtigkeit der Menschen und über das Höhere. Gedichte hat er auswendig gewußt von Goethe und einem gewissen Hanns, mit zwei N, Heinz Ewers, der hat das Horst-Wessel-Lied geschrieben, in Wirklichkeit war er aber Volljude, und ihre Freundin Pötschl behauptet zwar, er hat das nie geschrieben, aber der Amstettner hat gesagt, der hat das sehr wohl geschrieben, und der hat auch Alraune geschrieben, und er war gar kein Jud, jedenfalls, es war eine Bereicherung, und einmal haben sie sich geküßt. Sein Äußeres war nicht eigentlich ideal, aber gepflegt. Bilder hat er gemalt in Öl, nach Ansichtskarten aus aller Herren Länder. Und, wie gesagt, wohnhaft in Amstetten, aber gebürtiger St. Pöltner. Mit einer schönen Pension. Sehr oft ist er gekommen, und er wäre vielleicht sogar seßhaft geworden. Aber da ist einmal bei einem Spaziergang der Strolchi dem Geliebten auf die Hose gesprungen, und der Geliebte hat sich gleich abgeputzt, aber mit so einem wirklich angeekelten Gesichtsausdruck, daß der Frau Hrachowina etwas aufgegangen ist und ihre Gefühle mit einemmal in Nichts aufgelöst waren, und sie hat ihm geschrieben, er soll nicht mehr schreiben und nicht mehr kommen, es sind plötzlich ganz bestimmte Umstände eingetreten, über die sie leider nichts Näheres mitteilen darf. Später hat sie dann durch einen Zufall erfahren, daß der Mensch einem Herzinfarkt erlegen ist, und er hat ihr leid getan, aber wirklich bemitleiden hat sie ihn nicht können, und Gedichte will sie jetzt auch nicht mehr lesen. Sie schwört nur mehr auf Biographien, zum Beispiel Rudolf Heß, der Letzte von Spandau, das ist beeindruckend.

Wirklich eine Freude ist es, wenn man dem Herrn Amtsrat mit seiner Gemahlin begegnet. Sie ist so ein edler Mensch, und sie führen so ein harmonisches Eheleben, und er ist die Höflichkeit in Person, und jeden Abend gehen sie mit dem

Dackel, von sechs bis dreiviertel sieben, wegen dem Österreichbild, und der jetzige heißt Waldi. Die anderen drei haben Micherl geheißen, immer wieder, und einen jeden haben sie durch einen Autounfall verloren. Deshalb haben sie den vierten Dackel anders getauft, weil es schon wie ein böses Omen war, und der schaut immer so, da wird einem ganz eigentümlich zumute.

Südtirol – ein unvergeßliches Erlebnis*)

Schon in der 6. Klasse hatten wir uns zu entscheiden, ob wir im nächsten Jahr als Schüler der siebten Klasse an der traditionellen Wien-Aktion teilnehmen oder lieber eine Schullandwoche in Südtirol verbringen wollten. Die Abstimmung war mit heftigen Meinungsverschiedenheiten und erregten Diskussionen verbunden. Ein Teil der Klasse betrachtete die Wien-Woche als unbedingt notwendig zur Vervollkommnung ihrer Bildung; und es ist auch richtig, daß man als Österreicher nicht verlegen werden dürfte, wenn der Engländer oder Franzose, mit dem man sich vielleicht einmal unterhält, von unserer Staatsoper schwärmt und von der „Ariadne auf Naxos", die er dort gesehen und genossen hat. Daß jeder gute Staatsbürger wenigstens einmal in seinem Leben die Bundeshauptstadt besucht und ihre Kostbarkeiten schätzengelernt haben muß, läßt sich nicht bestreiten. Jedoch, die Mehrheit siegt, und hier muß gesagt werden, daß dieser größere Teil un-

*) *Aufsatz des Vorzugschülers Engelbert Novak*, 17 Jahre

serer Klasse seine Hand hauptsächlich wegen der romantischen Vorstellungen hob, die sich mit dem Wort Südtirol verbindet: Berauschende Bergwelt, Sonne und Weingärten, laue Abendwinde und geselliges Beisammensein. Keiner von uns jedoch ahnte, um wie vieles bereichert wir aus jenem Land zurückkehren würden.

Der unauslöschliche Eindruck, den die Schullandwoche in Südtirol in uns allen hinterlassen hat, wäre undenkbar ohne die sachkundige Führung, die uns bisher ungeahnte Bereiche erschloß und die gründliche Vorbereitung, die uns zu vermitteln sich Naturgeschichts-, Geographie-, Geschichts- und Kunsterziehungsprofessoren die Hand reichten. Wir wurden sozusagen geistig ausgerüstet, bevor wir die Fahrt ins Land von Etsch und Eisack antreten durften.

Pässe, Straßen, Täler, Flüsse, Städte, Dörfer, Kirchen und Schlösser, Blumen, Bäume und Sträucher, Minerale und Tierwelt Südtirols müßten fest in uns veranker sein, beschwor der Geograph, ermahnte der Naturforscher, schwärmten Geschichts- und Zeichenlehrer. Vor allem unser Naturgeschichtsprofessor, der begeisterte Botaniker und Moossammler Prof. Fritz Faßl, hatte Südtirol schon lange in sein Herz geschlossen und von allen seinen Aufenthalten südlich des Brenners unzählige Farbdiapositive mitgebracht, deren Vorführung als letzte Vorbereitung und zur Einstimmung hervorragend dienten. Unser Historiker Prof. Xaver Hoelder beschäftigte uns in seinen letzten Stunden vor der Abfahrt eindringlich mit Kultur und Geschichte Südtirols, wobei er unser besonderes Interesse auf die Probleme richtete, die dem Land, das vor noch nicht allzulanger Zeit noch der Rotweingarten Österreichs genannt werden durfte, immer wieder neu auferlegt werden und worden sind.

Unseren Führern Prof. Faßl und Prof. Hoelder danken wir es, daß die Schullandwoche für uns zur interessantesten und wohl ertragreichsten Woche überhaupt bisher in unserer Mittelschulzeit geprägt wurde.

Sie geleiteten uns durch Dörfer, Städte, Schluchten und Paßhöhen, Almen, Friedhöfe und Weinhänge, und somit von der Kunst zur Geologie, von der Botanik zur Geschichte der Gegenwart und Vergangenheit, von der Mineralogie zur Wirtschaft des Landes Südtirol. Wir atmeten die würzige Luft der Seiser Alm, diskutierten mit Südtiroler Weinbauern, lernten ihre Sorgen und Nöte kennen und begannen im eigenen Herzen die Tragik des Landes zu spüren, als wir rund um ein protziges Marmorgrab standen und der mit ihm verbundene Name uns nachdenklich stimmen mußte.

Doch erste Station unserer Reise war Innsbruck, wo wir nach siebenstündiger Fahrt nicht zu müde waren, nicht nur das Goldene Dachl zu bewundern, sondern vor allem die Hofkirche mit ihren ehernen, feierlich-düsteren Gestalten, dem prunkvollen Grab Maximilians und vor allem der letzten Ruhestätte jenes Mannes, der sein Leben gegeben hat für die Freiheit: Andreas Hofer, der Sandwirt aus dem Passeiertal.

Weiter ging es über das technische Wunder Österreichs, die Europabrücke, und an Schluchten und Steinwänden vorüber, das Eisacktal abwärts, gen Süden.

Sterzing, das liebliche, mittelalterliche Städtchen, Franzensfeste und schließlich Brixen, über das wir politisch und kulturell bestens unterrichtet waren, bildeten die nächsten Stationen unserer Fahrt. Es war nun nicht mehr weit bis Kastel Feder, das uns von der Oberösterreichischen Landesregierung als Domizil überlassen war.

Einige Kilometer steiler, holpriger Straße von Auer entfernt, empfing uns auf einer grünbewachsenen Anhöhe der Burgberg mit dem behaglichen Landesjugendheim. Obwohl wir von der langen Reise und den bereits tiefen Eindrücken ziemlich müde waren, konnten wir es nicht unterlassen, mit neuer Frische auf die sagenumwobenen Felsen des Burgbergs zu klettern.

Im Heim fühlten wir uns schon am ersten Abend äußerst wohl, und so sahen wir den kommenden Tagen mit freudiger Erwartung entgegen.

St. Daniel in der Löwengrube, dieses für jeden Kunstinteressierten so wichtige Wandgemälde, durften wir bereits am nächsten Vormittag in dem romanischen Kirchlein St. Daniel am Kichelberg bewundern. Die Landschaft, die wir durchwanderten, besteht aus lieblichen Weingärten und wird von einer Anhöhe aus beherrscht vom protzigen Sarkophag des größten Feindes der Südtiroler, des Freundes und Beraters Mussolinis, Ettore Tolomei. Dieser Fanatiker eines unduldsamen Nationalismus schreckte vor keinen Gewalttaten zurück, wenn es galt, die Vorteile seiner Landsleute zu erzwingen. Er wird den Südtirolern und überhaupt allen Österreichern dabei immer im Gedächtnis bleiben.

Die heute zweisprachige und ehemals rein deutsche Stadt Bozen zog uns tags darauf in ihren Bann. Wir besichtigten den Dom, durchbummelten die Altstadt mit ihren reizenden Bürgerhäusern, bestaunten die Geschäfte in den langen Laubengassen und konnten uns schließlich am Früchtereichtum des berühmten Bozener Obstmarktes kaum sattsehen. Wie hübsch wäre diese Stadt ohne den öden Industriegürtel, den ihr die Italiener zur Zeit Mussolinis vorgelagert haben, und wie traurig ist es zu hören, daß es heute mehr Italiener in Bozen gibt als ehemalige Österreicher!

Die mittelalterlich-romantische Burg Runkelstein erklommen wir zu einer Mittagsrast bei Spaghetti und Wein. Einige von uns hatten ihre liebe Not mit der Handhabung der wahrhaft langen Nudeln, zur großen Belustigung aller jener unter uns, die mit ihren Eltern schon mehrere Urlaube im sonnigen Süden verbringen durften! Auf der Balkonwand über unseren Eichentischen leuchteten in noch frisch anmutenden Farben die Wandmalereien, die zu besichtigen Kunstliebhaber von weither die Burg besuchen. Sie stellen den umfangreichen Zyklus mittelalterlicher Profanmalerei dar.

Die Atmosphäre und den unglaublichen Pflanzenreichtum der Seiser Alm zu schildern, ist schwer, da jede Schilderung „Nichteingeweihten" übertrieben scheinen würde. Weiche, saftiggrüne Matten, die wie kühle Polster dem Fuße nachgeben, bedecken, soweit das Auge reicht, die Hügel und Mulden, kaum von Steinblöcken unterbrochen, und wie märchenhafte Kulissen erheben sich die Gebirgsstöcke in der Ferne: der sagenumwobene Schlern, die Langkofelgruppe ...

Herrliche Parkanlagen und Blumenkreationen schmücken den weltberühmten Kurort Meran, der von fern von der steinernen Wiege des Landes,

Schloß Tirol, gegrüßt wird. Unser Erzherzog Johann liegt begraben in der Burg Schenna, außerhalb der Stadt. Dieser letzten Ruhestätte des einstigen Grafen von Meran statteten wir natürlich einen Besuch ab.

Ein Schatzkästlein ganz besonderer Art ist Niederlana mit seinem Altar von Hans Schnatterpeck, den zu bestaunen wir uns ebenfalls um keinen Preis entgehen ließen.

In Kaltern, wohin wir über Gampenjoch und Penegal gelangten, betraten wir das romantische Kirchlein St. Jakob. In diesem weltberühmten Weinort und auch in Terlan und Tramin lernten wir die Wirtschaft und ein Charakteristikum des leidgeprüften Landes kennen. Wir standen fasziniert vor den riesigen Fässern in den feuchten Kellergewölben, die all jene populären Weine beherbergen.

Unbestrittener Höhepunkt unseres Südtirolaufenthaltes aber blieb die Fahrt durch die Dolomiten, deren halsbrecherische Erhabenheit selbst den Weitgereisten unter uns oft schier den Atem raubte. Immer wieder stießen wir auf Bunker aus dem Ersten Weltkrieg, und so erkannten wir die Dolomiten als ein blutgetränktes Schicksalsgelände österreichischer Vergangenheit.

Ein Stück Literatur wurde für uns lebendig, als wir auf den Spuren alter deutscher Kunst zum

Schloß Wolkenstein gelangten und der mit Sicherheit in Südtirol geborene Minnesänger Oswald von Wolkenstein für uns aus dem Massengrab der Literaturgeschichte trat.

Das Schicksal Südtirols ist uns seit der Schullandwoche Herzenssache geworden, und durch unsere persönlichen Erlebnisse fühlen wir uns mit dem Land eng verbunden. Was vorher unpersönlicher Zeitungs- und Radiobericht über die Tragik jenseits der österreichischen Grenze für uns war, bedeutet uns heute ein Lebenszeichen von unseren Brüdern jenseits des Brenners, das uns immer angehen wird.

Dieser Aufsatz wurde mit dem Prädikat „Beste Deutschschularbeit des Jahres" ausgezeichnet und im Jahresbericht der Anstalt abgedruckt.

Dem begabten Schüler wurde im Rahmen einer Feierstunde von Herrn Schuldirektor Prof. Dr. Josef Höllhuber ein künstlerisch ausgestaltetes Diplom und das Buch „Meine Erinnerungen an Österreich" von K. H. Habsburg überreicht.

Neujahrsandacht

Es ist kalt. Den ganzen Tag hat es geschneit. Jetzt liegt in der Gasse eine hohe, frische Schneedecke. Unsere Stiefelspuren führen den Gehsteig entlang bis vor unser Haustor. Wir sind schon oben, die Lisi und ich. Der Rudi steht am Fenster und fragt, ob er nachsehen soll. Ja, sage ich, aber laß ihn nicht herauf, mein Vater wird sonst böse. Der Rudi macht das Fenster auf und schaut hinunter. Er steht noch immer unten, sagt er. Mach zu, sage ich, mein Vater schimpft sonst fürchterlich. Und der Rudi macht das Fenster wieder zu.

Das ist nicht der Anfang und auch nicht der Schluß. Die Geschichte vom Dornhofer Joe hat für mich keinen Schluß. Der Anfang, das war vielleicht, daß er in der siebten Klasse damals aus dem Gymnasium geflogen ist. Aber er wollte studieren, und er arbeitete tagsüber im Finanzamt und lernte am Abend für die Fernmatura. Seit einiger Zeit ist er tot, und ich habe ein gedrucktes Papier auf dem Tisch liegen. Christliches Andenken an Herrn Johann Dornhofer, Vertragsbediensteter im Finanzamt, welcher am 1. Januar 1976 um 14 Uhr 30 völlig unerwartet im 34. Lebensjahre sanft im Herrn entschlafen ist. Wer im Gedächtnis seiner Lieben lebt, ist nicht tot, nur fern. Mein Jesus, Barmherzigkeit. Und daneben der Dornhofer Joe im weißen Hemd, mit Sakko und Fliege. Hinten Maria in der Anbetung der Könige, Kefermarkter Altar, Apostelgruppe aus Mariens Tod.

Er wird nun nicht mehr auf Leiterwagen steigen und Reden halten an uns Gymnasiasten und sonstige Scherzartikel, wie er das gern gesagt hat, und wie wir uns dann gekrümmt haben vor Lachen über seine Einfälle. Der trinkfeste Joe, immer und überall dabei. Unsere Stimmungskanone. Oscarverdächtig, sagte er, wenn wir aus dem Kino durch die Stadt gingen auf der Suche nach einem Wirtshaus, wo wir noch bis Mitternacht bleiben wollten.

Nach so einem Kinobesuch wollten wir zu mir nach Hause, Rudi und Lisi und ich. Ich komme mit, sagte der Joe. Und wir stapften zu viert durch den Schnee, bis vors Haustor. Joe, du mußt warten, sagte Rudi, dem ich schon vorher etwas ins Ohr geflüstert hatte.

Daß ihr in eurem Kreis so niveaulose Elemente habt wie diesen Dornhofer, hat der Vater immer wieder gerügt. Aber der Joe wollte mitkommen. Was machen wir mit ihm? Zur Sicherheit drehe ich leise den Haustorschlüssel um, weil der Joe draußen wartet, ob die Luft rein ist und er heraufkommen darf. Und nach einer halben Stunde macht Rudi das Fenster auf, um zu sehen, ob der Joe endlich gegangen ist. Aber er steht unten, und es hat wieder zu schneien begonnen und sein Kopf ist angeschneit.

Zu seinem Begräbnis wollte ich dann gehen. Aber ich hätte mich geniert.

Der Joe hat gesoffen, mehr als die anderen. Aber er hat sich das Saufen abgewöhnt und eine geheiratet, die er liebte. Zwei Kinder gehabt mit der. Vielleicht wieder zu saufen begonnen, ich weiß es nicht. Sie ließ ihn dann allein mit den Kindern, um mit irgendeinem anderen Mann zu leben. Und dann gab es eine Party, am 31. Dezember, zu der war er eingeladen. Er kam und trank nichts und blieb nur bis zehn, weil er die Kinder nicht so lange allein lassen wollte. Er setzte sich auf sein Moped und fuhr nach Hause. Stocknüchtern. Der Weg war eisig. Irgendwie ist er gestürzt. Mit einer Gehirnerschütterung blieb er liegen bis zum Neujahrsmittag. Eine Frau hat ihn gefunden, da war das Blut aus seinen Ohren schon getrocknet. Der Joe wäre einer von denen auf der Brücke von San Luis Rey. Und ich höre noch immer Rudi das Fenster schließen und sagen: Er geht nicht weg, er steht noch immer unten.

Sehr geehrter Herr Dr. Hohler!

Mit Bezugnahme auf Ihren Artikel im „Basler Magazin“ vom 4. 3. d. J., „Warum ist Doktor Zärtlich keine Frau?“, in welchem Sie u. a. den Roman „Wie kommt das Salz ins Meer“ meiner Ex-Gattin erwähnen und meinen, man müßte auch aus der Sicht des „anscheinend einsichtslosen“ Mannes Rolf die ganze Geschichte hören, erlaube ich mir höflichst, Ihnen zu antworten.

Meine berufliche völlige Auslastung gestattet es mir nicht, eine Gegendarstellung im seitlichen Umfang jenes „Werks“ zu Papier zu bringen, wohl aber ein paar Zeilen an Sie zu richten, mit Dank für den klaren Blick, den Sie sich trotz Ihres mehr künstlerischen Berufes bewahrt zu haben beweisen.

Auch ich habe zwangsläufig unter meiner Ehe zeitweise sehr gelitten, auch ich habe mich in vielen Punkten unverstanden gefühlt. Niemals wäre es aber mir eingefallen, unsere Intimität in der Öffentlichkeit breitzutreten. Hiezu kommt, daß meine Ex-Gattin alles zu ihren Gunsten verdreht, denn das hat sie von ihrer Mutter.

Ich heiße, übrigens, nicht Rolf, sondern siehe Absender. Ich habe als Kind niemals ins Weihwasser gespuckt. Das Fangen von Maikäfern trifft zu, das haben wir alle als Buben getan. Jedoch hat sich sehr früh in der Entwicklung meines Wesens und meiner gesamten Persönlichkeit eine Veränderung vollzogen, hervorgerufen durch den frühen Tod meines geliebten Vaters. Ich mußte mich bereits als Vierzehnjähriger für meine plötzlich alleinstehende Mutter verantwortlich fühlen, der ich von nun an nicht nur Sohn, sondern in gewissem Sinn, und ich bitte Sie, dies nicht mißzuverstehen, Ehemann und Berater war. Bekanntlich gilt eine Frau nichts mehr, wenn ihr Mann gestorben ist oder sie auf andere Weise verlassen hat.

Zur Person meiner Mutter möchte ich richtigstellen, daß sie meiner ehemaligen Frau von Anfang an echte Muttergefühle entgegenbrachte, weil es ihr innigster Wunsch war, mich versorgt zu wissen. Außerdem, am Rande bemerkt, verfügt meine Mutter bis auf den heutigen Tag noch über ihr natürliches Gebiß.

Ich habe ferner meine ehemalige Frau nie gezwungen, mich zu heiraten. Sie sprach, gemeinsam mit ihren Eltern und mir, von Heirat. Kurze Zeit vor der Eheschließung wollte sie plötzlich nicht mehr. Da sie jedoch auf meine Fragen nachdrücklich behauptete, mich zu lieben, konnte ich auf ihre Laune nicht eingehen. Ich habe niemals eine „Mauer aus Wörtern“ gebaut, sondern sah sie ratlos und versuchte sie daher mit Ratschlägen aus ihrer Situation zu befreien. Ich kannte sie besser als sie sich selbst, und so handelte ich mittels klugem psychologischem Druck, in Übereinstimmung mit meinem ehemaligen Schwiegervater, zu ihrem und meinem Besten.

Nun gut, heute ist sie „frei“ und „unabhängig“. Nicht zuletzt dank der Verbreitung jenes „Romans“ auf meine Kosten. Seien Sie versichert, wenn ich über mehr freie Zeit verfügte, ich würde mit dem größten Vergnügen Ihrer Frage nach der „Sicht Rolfs“ nachkommen. Meine Erfahrungen mit meiner Ex-Gattin wären in einem mehrbändigen Werk in ganz besonders zu überschreibenden Abschnitten und Kapiteln unterzubringen.

Sie ist also „frei“ und „unabhängig“. Sie verfügt über ein eigenes, wenn auch nicht geregeltes Einkommen. Sie besitzt sogar ein Auto. Wie man mich aber erst kürzlich wissen ließ, fährt sie es untertourig und läßt es innen und außen verschmutzen. Dies nur am Rande. Und sie hat Umgang mit „Künstlern“ und anderen „freien Schriftstellern“. Ich frage Sie, sehr geehrter Herr Doktor, warum ist sie allein, warum hat sie es notwendig, in Presse und Fernsehen per Interview immer wieder zu betonen, daß der richtige Mann noch nicht gekommen ist? Ich kann Ihnen diese Frage beantworten. Auch der Künstler und Schriftsteller unserer Tage wünscht eine Frau, die eine Frau ist. Und nicht eine, nennen wir es Konkurrentin.

Da wir nun schon dabei sind, offen miteinander zu sprechen, wollen wir uns nicht scheuen, das heikle Thema Erotik zu berühren.

Ich bin ein fortschrittlicher Mensch. (Siehe Herbert Eisenreich, der in der „Welt" schrieb: „Dieser Rolf ist doch ein liberaler Bursche!") Nicht nur auf wasserwirtschaftlichem Gebiet, welches neben Bodenkultur mein Hauptfach ist, bemühe ich mich um immer wieder neue Erkenntnisse, sondern allgemein auf allen Gebieten des Lebens. Und wovon meine Frau in keinster Weise Erwähnung tut, sind meine unermüdlichen Bemühungen während des ehelichen Zusammenlebens, die Frau in ihr zu wecken. Ich bin nicht nur in technischer Fachliteratur, sondern auch in, die Erotik betreffend, einschlägigen Untersuchungsergebnissen relativ belesen. Ich habe dieses oder jene Werk nach gründlichem Studium auch meiner Frau zur Lektüre empfohlen, soweit mir die Bücher geeignet schienen. Denn auch ich gehöre zu den Männern, die freimütig zugeben, daß der sexuelle Höhepunkt auch der Frau von rechts wegen zusteht. Stimulierungen aller Art, mich nicht scheuend vor in prüden Kreisen vielleicht scheel angesehenen

Praktiken, bin ich in oft völlig selbstloser Weise vorgegangen. Sie dankte es mir mit „Witzen". Z. B.: „Vielleicht legst du mir deinen Rechenschieber unter den Nabel!"

Und betrog mich. Mit einem Bundesbruder.

Wir hatten so manchen Studentenstreich gemeinsam ausgeheckt, „Albert" (seinen wirklichen Namen möchte ich mit Rücksicht auf seine Frau nicht nennen) und ich pflegten stets die aufrechte, bundesbrüderliche Freundschaft. Unsere schlagende Verbindung (*Grazer Obergermanen,* wir studierten in Wahrheit nämlich nicht in Wien!), war ein Muster an Kameradschaft, Treue und gegenseitiger Hilfeleistung in Notfällen.

Daß dieser Bundesbruder mir gerade jenen Hilfsdienst leisten würde, daran hätte die ganze Burschenschaft wohl in früheren Jahren kaum gedacht.

Was die seelische Seite meiner Ex-Frau anlangt, so sprach ich mich nicht aus finanziellen oder sonstigen Erwägungen gegen eine psychiatrische Behandlung aus, sondern weil ich wußte, daß meine Frau einen Psychiater nicht notwendig hatte. Was sie benötigte, war, daß man ihr den Kopf zurechtsetzte mit vernünftigen Mitteln.

Der Hund „Blitz" (*er* hieß Rolf!!) mußte aus tierliebenden Gründen eingeschläfert werden. Es galt, sein Leiden zu verkürzen. Das war auch meine Pflicht als Weidmann. Hegen bedeutet in manchen Fällen ja leider auch Töten.

Als Nichtraucher erfüllt es mich immer noch mit Betrübnis zu wissen, daß meine ehemalige Frau stark raucht. Glückliche Frauen rauchen nicht. Ich sehe das an meiner Verlobten.

Nun, ich glaube, ich habe genug philosophiert. Sehr geehrter Herr Dr. Hohler, lassen Sie mich meinen Dank aussprechen für Ihre Erwähnung meiner ungerecht behandelten Person. Meine Mutter befand sich gerade auf der Durchreise durch die Schweiz. So kam ich durch den glücklichen Zufall zu Ihrem Aufsatz. Sollte Ihr Weg Sie einmal nach Oberösterreich führen, würden wir uns freuen, Sie in unserem Haus als Gast begrüßen zu dürfen. Meine Braut (sie ist Kindergärtnerin, will aber, nach unserer Heirat, den Beruf aufgeben, um mit mir eine Familie zu gründen) kocht gut und gerne. Es würde Sie vielleicht auch interessieren, meine Waffensammlung zu besichtigen. Davon, z. B., hat meine Ex-Gattin in ihrem Buch kein Wort geschrieben!

Mit dem Ausdruck meiner persönlichen Hochachtung verbleibe ich Ihr

alias Rolf

Mein guter Stern

Wartet es nur ab, haben die Professoren gedroht im letzten Jahr. Manche schon im vorletzten, und ein paar haben schon in der ersten Klasse gesagt, wir sollen uns darauf gefaßt machen, was dereinst bei der Matura auf uns zukommen wird.

So waren wir eigentlich acht Jahre lang gespannt, oder neun oder zehn, je nachdem, ob man sitzengeblieben war oder beim Nachzipf durchgefallen, aber mich hat es nie erwischt, wegen meinem guten Stern, und der Naturgeschichtsprofessor hat jedes Jahr gesagt: Schwaiger, dich wird es heuer erwischen, du lernst nix, der Vater sagt's auch.

Zum Anfang des achten und letzten Jahres habe ich mir gedacht, jetzt mache ich einmal einen guten Eindruck, und ich habe mich in die erste Bank gesetzt und nie geschwätzt und war sehr aufmerksam, damit es allgemein heißt: Mein Gott, die Schwaiger, die hat sich so verändert, mein Gott, die ist so reif geworden.

Aber kurz vor Weihnachten beleidigt mich der Physikprofessor, indem er sagt: Schwaiger, Sie sind von vorn zwar auch nicht schöner als von hinten, aber drehen Sie sich zu mir. Das hat mich sehr getroffen. Und die Buben haben natürlich gelacht. Deswegen habe ich mich nur mit dem Gesicht nach vorn gedreht, aber die Knie habe ich seitlich gelassen und den Oberkörper auch, und mit dem rechten Ellenbogen habe ich mich auf den Tisch von der Pölderl Martha gestützt, die schräg hinter mir gesessen ist. Setzen Sie sich her, wie es sich gehört, sagt der Physikprofessor. Ich sitze ja da, sage ich, und in dieser Stellung ist es mir bequem. Ganz umdrehen, sagt er. Aber ich bin geblieben. Jetzt werden wir einmal sehen, wie weit seine Macht reicht, habe ich mir gedacht, und da sagt er schon, er holt den Herrn Direktor. Und geht und kommt mit dem Herrn Direktor Palfinger zurück, der nie jemandem etwas getan hat und zum Zeichen seiner Machtausübung immer nur ein sehr strenges Gesicht gemacht hat. Aufstehen, hat der Physikprofessor gesagt, und wir sind lässig aufgestanden. Wer lacht da hinten? fragt der Direktor, und der Physikprofessor sieht, wer es ist und sagt: Sie haben es gerade notwendig! Und jetzt zu Ihnen, sagt der Direktor. Meinen Sie mich? habe ich höflich gefragt. Ja, wen denn sonst! Was ist vorgefallen? Der Herr Professor hat mich beleidigt, habe ich gesagt, er hat nämlich behauptet, ich bin von vorne nicht schön und von hinten auch nicht. Jetzt war der Herr Direktor erstaunt, und ich glaube, er hat mich genau angeschaut. Dann hat er zum Physikprofessor geschaut, und ich hätte eine sehr witzige Bemerkung gewußt, betreffend seine Schönheit, aber ich habe mich zurückgehalten. Das wird natürlich Folgen haben, sagt der Direktor, schüttelt dem Physikprofessor die Hand und wird von ihm noch zur Tür begleitet, und dann setzen wir uns alle nieder, und ich leicht halb schräg, mit einem Knie unter dem Tisch und dem anderen gut sichtbar draußen, und wir haben weiter gelernt über Elektrizität und wie man sie aufladen kann in einem Akkumulator. Mein Gott, Schwaiger, sagt ein paar Tage später im Stiegenhaus mein lieber Deutschprofessor, jetzt hat es immer geheißen, die Schwaiger ist so gereift, und jetzt machen Sie solchen Unsinn! Ich habe ihm erklärt, daß es nur Selbstverteidigung gewesen ist, quasi die Reaktion einer Dame auf einen ungehobelten Herrn. Ja, ja, sagt mein Deutschprofessor, dafür habe ich ja vollstes Verständnis, aber der Herr Direktor müßte das halt auch so sehen.

Da bin ich zum Direktor und habe mich vor ihn hingestellt und geweint: Weil ich doch weiß, daß ich nicht hübsch bin, da muß er mich doch nicht vorsätzlich kränken! Was reden Sie denn da für einen Unsinn, sagt der Herr Direktor und schüttelt mir die Hand und sagt, wir wollen diesen Vorfall so schnell wie möglich ganz vergessen.

Ich habe dann über die Elektrizität so ziemlich alles doppelt und dreifach gelernt, damit es zu keinen Spannungen kommen kann zwischen meinem Physikprofessor und mir, und so durfte ich im Sommer mit allen anderen antreten zur schriftlichen und mündlichen Reife.

Jetzt war ich aber immer vielseitig interessiert, und damals gerade von der Sowjetunion begeistert, weil ich „Die Revolution entläßt ihre Kinder" bis zur Hälfte gelesen habe, da war so faszinierend beschrieben, wie die Sowjetstudenten in ihrer Intelligenz immer wieder gefördert werden, und daß man die Säuberung unter Stalin so verstehen muß: Wenn ein Apfel angefault ist, muß man leider auch ein bißchen gesundes Fleisch mit herausschneiden, und deshalb kommen auch einige Unschuldige nach Sibirien. Weiter bin ich beim Lesen nicht gekommen, da war schon schriftliche Matura in Deutsch, und es hat das Mode-Thema gegeben für die Mädchen und ein technisches und ein politisches für die Buben.

Über die Mode hätte ich sicher einen brillanten Aufsatz liefern können, aber es war mir ein Anliegen, mich politisch zu äußern, und ich habe ein heißes Pamphlet gegen den Kapitalismus und unsere gesamte westliche Welt verfaßt und den Idealismus und Sozialismus unserer östlichen Brüder verteidigt.

Ich glaube, so einen schönen Aufsatz hat es im ganzen Gymnasium nie gegeben. Obwohl ich schon beim Schreiben gespürt habe, daß ich das Thema etwas verfehle, aber das war ja so nichtig im Vergleich zu meinem Anliegen.

Am nächsten Vormittag, auf dem Weg zur schriftlichen Matura in Mathematik, treffe ich meinen Deutschprofessor, und er hat zu mir in einer Weise gesprochen, wie ich das gar nicht an ihm gekannt habe die ganzen acht Jahre. Er geht jetzt in Pension, hat er gesagt, und er hätte gern einen guten Abgang von der Schule gehabt, und warum ich nicht über Mode geschrieben habe, und gerade von mir hätte er sich so etwas nicht erwartet, und weil er uns doch acht Jahre lang gehabt hat, wird man jetzt glauben, er hat kommunistische Agitation betrieben in seinen Stunden, und daß es erst jetzt herauskommt.

Das hat mich so verwirrt, daß ich mir die vier mathematischen Aufgaben mit einer gewissen Distanz angeschaut und nicht gelöst habe.

Aber mein guter Stern, der mich in den ganzen Jahren auf mysteriöse Weise begleitet hat, sandte noch einmal, bei der mündlichen Reifeprüfung in Latein, seinen letzten Strahl auf mich herab.

In Latein war ich ein bißchen schwach. Die

Dichter habe ich dem Gefühl nach recht gut übersetzt, und auch Tacitus und Plinius den Jüngeren habe ich immer irgendwie intuitiv erfaßt. Und so sitze ich mit meinem Lateinprofessor am Prüfungstischchen, und leider kommt kein Dichter, sondern Plinius der Jüngere, und ich übersetze intuitiv und wortgewandt, weil ich jedesmal, wenn mir der Lateinprofessor unterm Tischchen auf die Zehen gestiegen ist, gleich einen anderen Ausdruck parat hatte. Und so habe ich den ganzen Text sinngemäß in unsere schöne deutsche Sprache übertragen.

Nun noch ein paar kleine Fragen zur Grammatik, sagt der Lateinprofessor und steigt mir auf den Fuß und behält ihn während der folgenden Viertelstunde drauf. Er hat eigentlich ohne Unterbrechung gedrückt, bis der Herr Vorsitzende plötzlich sagt:

Ich glaube, es reicht.

Jetzt war es ganz still im Saal. Der Vorsitzende, das war ein großer, älterer Herr mit Glatze, und den haben sie uns schon mit Bedauern beschrieben gehabt als einen unangenehmen Vorsitzenden, weil er sehr gescheit ist und aus allen Fächern vieles weiß und Zwischenfragen stellt und oft selbst die Prüfung vornimmt und überhaupt manchmal alles an sich reißt. Und außerdem war er ein Roter, und unsere Schule war mehr schwärzlich. Und ich sitze da und habe zufällig keine Fragen aus der Grammatik befriedigend beantworten können.

Der Vorsitzende fragt mich, ob ich denn eigentlich weiß, wer dieser Priamus war, der im Text vorkommt.

Ich habe lange nachgedacht. König Priamus, sagt er, wer war denn das? Und ich habe mir gedacht, es ist ja wurscht, und ich habe zuversichtlich gesagt: Priamus und Thisbe, das Liebespaar auch bei Shakespeare.

Jetzt war es wieder ganz still, und ein paar Professoren haben sich geräuspert. Und der Vorsitzende schaut mich an mit einem milden Lächeln und fragt, was ich über die Goldene Latinität weiß.

Ich habe ihn angeschaut mit ehrlichen, treuen Augen.

Und der Vorsitzende lächelt wieder so mild, und in diesem Moment habe ich gewußt, mir kann nichts passieren, und wie ich aufgestanden bin, höre ich Flüstern, und dann sagt der Lateinprofessor: Sie haben bestanden.

So habe ich erfahren, wie das Politische in unser aller Leben hineinreicht, und es hat mir zwar noch jahrelang leid getan für meinen lieben Deutschprofessor, aber ich bin heute zahlendes Mitglied der SPÖ.

Lebenslauf

für Trixi Danell

Das war in einer kalten Winternacht, da bin ich in der Schottenfeldgasse bei der Straßenbahnhaltestelle gestanden mit dem Onkel Ignaz. Es muß am Nachmittag gewesen sein, aber weil Winter war, war es schon finster. Und in der Schottenfeldgasse gibt es keine Straßenbahn. Wir sind vielleicht in der Burggasse gestanden oder in der Lerchenfelder Straße. Und wie wir so stehen und auf die Straßenbahn warten, der Onkel Ignaz und ich, da komme ich mir ganz verloren vor in dem großen Wien. Und ich schwöre mir bei mir selbst, daß ich Wien erobern werde. Daß ich mich eines Tages in Wien so gut auskennen werde wie in Freistadt, und daß mich die Wiener eines Tages alle so gut kennen werden wie die Freistädter. In Freistadt war ich die Tochter vom Doktor Schwaiger. Aber in Wien hat mich niemand gekannt, außer dem Onkel Ignaz und seiner Familie.

Ich mußte eine berühmte Schauspielerin werden, soviel stand fest. Ich war sehr begabt, und weil alle sagten, daß das kein Beruf ist, sondern nur ein Traum, gerade deshalb mußte ich eine werden. Es gab ja Beweise dafür, daß man eine werden konnte, warum ausgerechnet ich nicht? Ich besonders, mit meinem Talent! Das wußte ja noch niemand, was für ein großes Talent ich war. Ich konnte alles! Auch die eine Augenbraue so fragend hochziehen, wie die Vivien Leigh, was schwer ist, weil die andere Augenbraue dabei ganz ruhig bleiben muß. Das habe ich geübt, und das habe ich dann perfekt beherrscht.

Je länger ich in den Spiegel geschaut habe, um so mehr ist mir aufgefallen, daß ich der Vivien Leigh ähnlich sehe. Ich war vielleicht ein bißchen dicker, aber um die Augen herum konnte man es merken. Ich habe „Vom Winde verweht" noch einmal genau gelesen, wo sie so gut beschrieben ist, und meine Augen waren auch sehr grün, je länger ich mich im Spiegel geprüft habe. Ich habe Fotos von der Vivien Leigh gesammelt und von Laurence Olivier, in den ich ohnehin bereits verliebt war.

Das war so: Meine Eltern haben mich nach England geschickt zur Familie Soles auf eine Pferdefarm. Aber wie ich dort angekommen bin, hat es keine Pferde gegeben, und ich hätte mit einem Soles-Kind in einem Bett schlafen müssen. Da bin ich per Autostopp geflüchtet und wollte nach

London, wo meine ältere Schwester au pair war. Das Ehepaar, das mich im Auto mitgenommen hat, hat gesagt, daß sie mich höchstens zur Polizei bringen, aber nicht nach London, weil es ja sein könnte, daß ich ein *runaway* bin. Ich habe gesagt, daß ich es bin im positiven Sinn, und ich habe meinen Paß aus der Strumpfhose gezogen und vorgewiesen, und ich habe gesagt, ich gebe ihnen mein ganzes Geld, das mir die Mutti für die Sprachferien mitgegeben hat. Aber sie wollten das Geld nicht nehmen, und so habe ich mich bereit erklärt, daß sie mich zur Polizei bringen. Dort war ein Polizist, der hat mich gefragt, ob ich eine Tasse Tee will. Das ist so in England. Ich habe den Tee getrunken, dann haben die Polizisten telefoniert, und dann hat mich die Mrs. Kruse aufgenommen, und ich habe vier Wochen bei den Kruses in Cobham gewohnt. Meine Schwester hat mich besucht, und sie hat mir von einem Film erzählt und von einem Schauspieler, in den sie sich sofort verliebt hatte.

Das ist auf einem Schloß, hat sie gesagt, und der König ist gerade gestorben. Sein Sohn, der Prinz, glaubt nicht, daß der König einfach so gestorben ist, und in der Nacht erscheint ihm der Geist von seinem Vater, und der sagt ihm, daß er ermordet worden ist. Mehr erzähle ich dir nicht, sonst ist es nicht spannend, hat sie gesagt, aber du wirst sehen: Der, der den Hamlet spielt, ist wunderbar! Er heißt Laurence Olivier.

Sie hat mich zum Kino gebracht, in der Oxford Street, und später hat sie mich wieder geholt. Ich bin lange im Kino gesessen und habe nichts verstanden, weil alles englisch war. Und ich war bis zum Schluß nicht sicher, welcher der Hamlet ist. Die Heidrun hat nämlich gesagt: Er stirbt. Aber es sind fast alle gestorben. Trotzdem hat mir einer ziemlich gut gefallen, und der war blond, und die Heidrun hat gesagt: Das war er! Der Laurence Olivier!

Dann bin ich jeden Sommer nach England geschickt worden, damit ich gut Englisch lerne, und ich bin jedes Jahr ins Academy Theatre gegangen, weil sie jedes Jahr den Hamlet gespielt haben, und ich habe sehr gut Englisch gelernt. Das habe ich aber wieder nicht gewußt, daß das altes Englisch ist, und bei einer Schularbeit hat mir die Professorin immer viele Wörter durchgestrichen, weil sie geglaubt hat, sie sind falsch. Dabei war es elisabethanisches Englisch. Daher auch meine spätere Beziehung zum Theater und zur Literatur.

Meine erste pointierte Kurzgeschichte handelt davon, daß ich in London ins Kino gehe, weil ich Laurence Olivier liebe. Ein alter Mann, der neben mir sitzt, fragt mich, was ich denn da in der Hand halte. Ich denke: Frag nicht so blöd, alter Trottel.

Aber weil ich höflich bin, und in England ist das besonders wichtig, rede ich dann mit ihm. Nicht während der Vorstellung, aber in der Pause. Weil in England die Filme immer gleich wieder gezeigt werden, wenn sie aus sind, mit kurzen Zwischenräumen. Und wir kommen so ins Gespräch, auf englisch, und der alte Mann sagt:

Laurence Olivier ist heute auch nicht mehr so jung wie in diesem Film.

Ich antworte, daß mich das nicht interessiert, und woher er das denn weiß?

Aber da fängt der Film wieder an. Später sitze ich allein in der U-Bahn und schaue auf die Programmzettel, die ich noch immer in der Hand halte. Und da hat der Bekannte aus dem Kino heimlich seine Unterschrift draufgeschrieben: Clarence Lacoste.

Weil in meiner Kurzgeschichte Laurence Olivier nicht Laurence Olivier heißt, sondern Clarence Lacoste. Ich habe ja beim Schreiben nicht gewußt, ob es erlaubt ist, über so bekannte Personen, die es wirklich gibt, so etwas zu schreiben. Auch wollte ich nicht, daß Laurence Olivier jetzt schon wußte, daß ich in ihn verliebt bin. Das sollte er erst später erfahren, wenn ich heiraten konnte.

Ich mußte jedenfalls eine berühmte Schauspielerin werden, soviel stand immer fest. Und eines

Tages hat mir Laurence Olivier persönlich zweimal die Hand geschüttelt. Das war im vierhundertsten Geburtsjahr von William Shakespeare. Ich war diesmal in Chichester, weil es dort das Festival Theatre gibt, in dem Laurence Olivier den Othello spielte.

Damals enttäuschte er mich sehr. Unter der schwarzen Farbe konnte ich ihn so gut wie nicht sehen. Ich sagte mir immer wieder vor: Das ist Laurence Olivier! Das ist Laurence Olivier! Und kein Wort konnte man verstehen, weil es wieder altenglisch war und weil ich den „Othello" leider nicht gelesen hatte. Eigentlich glaubte ich es gar nicht, daß das wirklich Laurence Olivier war, der bloßfüßig auf der Bühne hin und herlief.

Aber wie das Theater aus war, spürte ich, ich weiß nicht wie, daß unter den vielen kleinen Köpfen in dem Glashaus, das ein Restaurant war, ein ganz kleiner Kopf *sein* Kopf war. Ich ging auf das Glashaus zu, wie in Trance, muß ich sagen, und es war wie Bestimmung: Laurence Olivier saß mit mehreren Leuten, darunter seine neue Frau Joan Plowright, an einem langen Tisch, und Joan Plowright setzte sofort, als sie mich draußen stehen sah, eine grüne Brille auf. Blöde Kuh, dachte ich, glaubst du, ich komme deinetwegen?

Don't be childish, sagte Mrs. Dutt und zog mich von dem Glashaus weg zu ihrem Auto. Ich weinte und weinte, und Mrs. Dutt fuhr ganz schnell nach Hause. Sie wußte ja überhaupt nichts. Ich hatte an den Bürgermeister von Chichester geschrieben, daß ich das Theater liebe, und daß er mir eine Familie vermitteln soll, bei der ich im Sommer als *paying guest* wohnen kann. Das glaubten auch die Dutts, und jetzt mußte ich vor Erschütterung die ganze Strecke von Chichester nach Tangmere, wo sie mit ihren zwei Hunden lebten, fürchterlich weinen. Und sie brachten mich ins Bett, und ich schlief weinend ein. Dann träumte ich von Laurence Olivier, und jeden Morgen, wenn ich aufwachte, war es nur ein Traum gewesen.

Mrs. Dutt sagte, wenn ich ein *good girl* bin, darf ich noch einmal in „Othello" gehen, aber ich darf nicht mehr weinen. Sie hat auch mein grünes Notizbuch ins Theaterbüro getragen, damit Laurence Olivier ein Autogramm hineinschreibt. Sie sagte, daß ich es ihren guten Beziehungen verdanke, wenn ich ein Autogramm von Laurence Olivier bekomme.

Ich fahre jetzt einmal mit dem Autobus nach Chichester, sagte ich eines Tages zu Mrs. Dutt, weil ich mir die Kathedrale ansehen möchte.

Sie wollte es nicht erlauben, aber ich setzte es durch, und ich ging sofort ins Theater. Im Büro fragte ich nach meinem Notizbuch. Die Dame sagte, daß Laurence Olivier leider noch keine Zeit gehabt hätte für das Autogramm. Ich fragte, wo er ist. In Brighton, sagte die Dame, aber er kommt um vier, weil um sieben die Vorstellung beginnt, und *it takes him two hours to black up as a moor.*

Nie werde ich diesen Satz vergessen, und den anderen auch nicht:

Oh, I have got a pen.

Das sagte nämlich Laurence Olivier zu mir, als ich vor ihn hintrat mit den Worten:

I have come from Austria to see you.

Ich nannte ihn Sir Laurence, und er gab mir sieben Autogramme. Es war entsetzlich, daß wir uns nur zweimal die Hände schüttelten. Wie kann ein Mensch, dachte ich, von dem ich alles weiß, nichts von mir wissen? Und ich fragte mich, ob es ihm aufgefallen war, wie sehr ich Vivien Leigh ähnlich sah, und anstatt ihm alles über mich zu erzählen, hatte ich ihn nur um ein Autogramm gebeten!'

Um so wichtiger wurde es, daß ich möglichst schnell eine berühmte Schauspielerin wurde.

Aber das Leben spielte mir noch manch üblen Streich. Obwohl ich begabt war, konnte ich mich nie entschließen, meine Begabung so richtig zu zeigen. Ich wurde Regieassistentin beim Österreichischen Rundfunk und hoffte noch immer, daß irgend jemand meine Begabung und mein Aussehen entdecken würde. Aber keiner sagte etwas.

Da fuhr ich nach Spanien und heiratete einen Spanier. Und als ich nach Österreich zurückkam, war ich schon dreiundzwanzig Jahre alt und mußte eine Lehrerin werden.

Jetzt war mein Leben sowieso schon verpfuscht, und ich studierte an der Pädagogischen Akademie in Linz. Aber eines Abends, es hat geregnet, bin ich einfach ins Linzer Kellertheater gegangen und habe etwas vorgespielt. Sie nahmen mich sofort, weil sie für das Weihnachtsmärchen eine Prinzessin brauchten. Und auch in das nächste Stück paßte ich hinein. Alles ging sehr schnell. Auch mein Abgang von der Bühne nach einem Jahr. Ich wollte keine Damen mehr spielen, weil ich ganz genau spürte, daß ich keine Dame bin.

Mein weiteres Leben verlief sehr unersprießlich, und heiraten wollte mich auch keiner mehr. Es ging immer tiefer abwärts mit mir, und darüber begann ich zu schreiben. Plötzlich verdiente ich mit dem Schreiben Geld. Ich war eine Schriftstellerin!

Das ist natürlich auch einer der Träume gewesen, aber erst an dritter oder vierter Stelle.

Die Schriftstellerei ist ein härterer Beruf als man glaubt, und ich wohne in der Schottenfeldgasse, wo es, wie ich heute weiß, keine Straßenbahn gibt. Nur an der Ecke Lerchenfelder

Straße–Schottenfeldgasse, und an der Ecke Burggasse–Kaiserstraße. So langsam lebe ich mich ein in Wien. Im siebten Bezirk kenne ich mich schon aus. Seit ich eine Schriftstellerin bin, kennen mich auch schon viele Leute, aber nicht alle Wiener. Und in Wien werde ich mich nie so gut auskennen wie in Freistadt. Und der Onkel Ignaz ist auch schon gestorben.

Trostgedicht

Hinterm Marianum steht ein Baum.
Da kannst du hingehen und schauen,
und der Baum ist größer als du.
Und doch nur so groß, daß du sagen kannst:
der ist dreimal so hoch wie ich.
Oder fünfmal.
Dann schau zu den Sternen hinauf.
Du mußt in der Nacht gehen,
wenn du die Sterne sehen willst,
und es muß eine Sternennacht sein.
Und du schaust in die Sterne und
Sterne
Sterne
Sterne
und denkst über die Sterne nach.
Dann schaust du zurück zum Baum.
Und du wirst froh sein, daß es
den Baum gibt hinterm Marianum.